Deutsch aktiv Neu

Ein Lehrwerk für Erwachsene

Lehrbuch 1C

Kees van Eunen, Josef Gerighausen, Gerd Neuner,
Theo Scherling, Reiner Schmidt und Heinz Wilms

LANGENSCHEIDT

BERLIN · MÜNCHEN · WIEN · ZÜRICH · NEW YORK

Zeichnungen und Layout: Theo Scherling
Umschlaggestaltung: Theo Scherling
Redaktion: Gernot Häublein
Verlagsredaktion: Hans-Reinhard Fischer

Deutsch aktiv Neu

Ein Lehrwerk für Erwachsene

Stufe 1C

Lehrbuch 1C	49140
Arbeitsbuch 1C	49141
Lehrerhandreichungen 1C	49142
Glossar Deutsch-Englisch 1C	49143
Glossar Deutsch-Französisch 1C	49144
Glossar Deutsch-Italienisch 1C	49145
Glossar Deutsch-Spanisch 1C	49146
Glossar Deutsch-Türkisch 1C	49147
Glossar Deutsch-Polnisch 1C	49148
Glossar Deutsch-Griechisch 1C	49149
Glossar Deutsch-Russisch 1C	49151
Cassette 1C Hörtexte	84560
Folien 1C	84562

 = Dieser Text aus dem Lehrbuch ist wörtlich auf
Cassette 1 C aufgezeichnet.

 = Zu diesem Abschnitt des Lehrbuchs enthält
Cassette 1 C zusätzliche Hörmaterialien.

Druck: 5. 4. 3.	Letzte Zahlen
Jahr: 93 92	maßgeblich

© 1989 Langenscheidt KG, Berlin und München

Druck: Druckhaus Langenscheidt, Berlin
Printed in Germany · ISBN 3-468-49140-9

Inhaltsverzeichnis

Kapitel 23 115

Kapitel 24 131

17 GENERATIONEN

SPRACHE IN TEXTEN

1 Die Tochter

Sehen Sie sich die Zeichnung an,
bevor Sie den Text (unten) lesen.
Überlegen Sie:

– WAS ist hier wohl los?
– WAS tun die Leute?
– WER sind diese Leute?
– WO könnte diese Szene spielen?

Vielleicht .....
Möglicherweise .....
Wahrscheinlich .....
Ich denke, daß .....
Das kann/könnte ..... sein.

Ü2 Lesen Sie jetzt den Text. Vergleichen Sie mit Ihren Vermutungen.

Peter Bichsel

DIE TOCHTER

Abends warteten sie auf Monika. Sie arbeitete in der Stadt, die Bahn-
verbindungen sind schlecht. Sie, er und seine Frau, saßen am Tisch
und warteten auf Monika. Seit sie in der Stadt arbeitete, aßen sie erst
um halb acht. Früher hatten sie eine Stunde eher gegessen. Jetzt
5 warteten sie täglich eine Stunde am gedeckten Tisch, an ihren Plätzen,
der Vater oben, die Mutter auf dem Stuhl nahe der Küchentür, sie
warteten vor dem leeren Platz Monikas. Einige Zeit später dann auch
vor dem dampfenden Kaffee, vor der Butter, dem Brot, der Marme-
lade.
10 Sie war größer gewachsen als sie, sie war auch blonder und hatte die
Haut, die feine Haut der Tante Maria. „Sie war immer ein liebes
Kind", sagte die Mutter, während sie warteten.
In ihrem Zimmer hatte sie einen Plattenspieler, und sie brachte oft
Platten mit aus der Stadt, und sie wußte, wer darauf sang. Sie hatte
15 auch einen Spiegel und verschiedene Fläschchen und Döschen, einen
Hocker aus marokkanischem Leder, eine Schachtel Zigaretten.

15 *das Döschen:*
die kleine Dose

16 *der Hocker:*

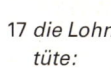

17 *die Lohn-*
tüte:

20

so bekamen früher
Arbeiter ihren
Wochenlohn aus-
bezahlt

27 *das Etui:*

Der Vater holte sich seine Lohntüte auch bei einem Bürofräulein. Er
sah dann die vielen Stempel auf einem Gestell, bestaunte das sanfte
Geräusch der Rechenmaschine, die blondierten Haare des Fräuleins,
sie sagte freundlich „Bitte schön", wenn er sich bedankte.
Über Mittag blieb Monika in der Stadt, sie aß eine Kleinigkeit, wie sie
sagte, in einem Tearoom. Sie war dann ein Fräulein, das in Tearooms
lächelnd Zigaretten raucht.
Oft fragten sie sie, was sie alles getan habe in der Stadt, im Büro. Sie
wußte aber nichts zu sagen.
Dann versuchten sie wenigstens, sich genau vorzustellen, wie sie
beiläufig in der Bahn ihr rotes Etui mit dem Abonnement aufschlägt
und vorweist, wie sie den Bahnsteig entlang geht, wie sie sich auf dem
Weg ins Büro angeregt mit Freundinnen unterhält, wie sie den Gruß
eines Herrn lächelnd erwidert.
Und dann stellten sie sich mehrmals vor in dieser Stunde, wie sie
heimkommt, die Tasche und ein Modejournal unter dem Arm, ihr
Parfum; stellten sich vor, wie sie sich an ihren Platz setzt, wie sie dann
zusammen essen würden.
Bald wird sie sich in der Stadt ein Zimmer nehmen, das wußten sie,
und daß sie dann wieder um halb sieben essen würden, daß der Vater
nach der Arbeit wieder seine Zeitung lesen würde, daß es dann kein
Zimmer mehr mit Plattenspieler gäbe, keine Stunde des Wartens
mehr. Auf dem Schrank stand eine Vase aus blauem schwedischem
Glas, eine Vase aus der Stadt, ein Geschenkvorschlag aus dem Mode-
journal.
„Sie ist wie deine Schwester", sagte die Frau, „sie hat das alles von
deiner Schwester. Erinnerst du dich, wie schön deine Schwester sin-
gen konnte."
„Andere Menschen rauchen auch", sagte die Mutter.
„Ja", sagte er, „das habe ich auch gesagt."
„Ihre Freundin hat kürzlich geheiratet", sagte die Mutter.
Sie wird auch heiraten, dachte er, sie wird in der Stadt wohnen.
Kürzlich hatte er Monika gebeten: „Sag mal etwas auf französisch". –
„Ja", hatte die Mutter wiederholt, „sag mal etwas auf französisch." Sie
wußte aber nichts zu sagen.
Stenografieren kann sie auch, dachte er jetzt. „Für uns wäre das zu
schwer", sagten sie oft zueinander.
Dann stellte die Mutter den Kaffee auf den Tisch. „Ich habe den Zug
gehört", sagte sie.

30

35

40

45

50

55

17 *das Bürofräulein:*
eine Frau, die in ei-
nem Büro arbeitet

27 *das Abonnement:*
(hier) die Wochen-
oder Monatsfahr-
karte

28 *vorweisen:*
(her)zeigen

B1–7.1 ▶

52 *das Stenogra-*
fieren:
Schreiben in
Schnellschrift,
Kurzschrift

PETER BICHSEL, *24. 3. 1935 in Luzern/Schweiz.
Vor allem bekannt als Autor von Kurzgeschichten
und Kinderliteratur.

Ü3 Beantworten Sie folgende Fragen:

– Wie viele Leute reden?
– Wo spielt die Geschichte?
– Zu welcher Tageszeit spielt sie?
– Wie heißt die Tochter?

Ü4 Versuchen Sie jetzt, die Personen zu beschreiben:

<u>Die Tochter</u>: Wie sieht sie aus? Welchen Beruf hat sie?
<u>Die Eltern</u>: Wie alt sind sie ungefähr? Welchen Beruf hat der Vater?

Ü5 Die Personen werden in dieser Geschichte fast nur *indirekt* beschrieben!

<u>Monika</u> wird beschrieben:	<u>Die Eltern</u> werden beschrieben:
● durch die Dinge, die ihr gehören; ● durch ihr Zimmer; ● durch das, was sie in der Stadt macht.	● durch Erinnerungen und Gedanken an ihre Tochter. **Suchen Sie dazu Beispiele im Text.**

Ü6 Suchen Sie im Text Beispiele zu den folgenden Punkten:

Die Eltern	Das Verhältnis zwischen Eltern und Tochter	Die Tochter	
		tatsächlich:	in der Vorstellung der Eltern:
Sie, er und seine Frau, saßen am Tisch und warteten...	Abends warteten sie auf Monika.	Sie arbeitete in der Stadt, die Bahnverbindungen ...	... die feine Haut der Tante Maria ...

Wie ist die Beziehung zwischen Eltern und Tochter?

Ü7

„Sie ist wie deine Schwester", sagte die Frau, „sie hat das alles von deiner Schwester. Erinnerst du dich, wie schön deine Schwester singen konnte."
„Andere Menschen rauchen auch", sagte die Mutter.
„Ja", sagte er, „das habe ich auch gesagt."
„Ihre Freundin hat kürzlich geheiratet", sagte die Mutter.
Sie wird auch heiraten, dachte er, sie wird in der Stadt wohnen.

– **Wie stellen Sie sich diese Schwester vor?**

Ich stelle mir vor, daß sie ....
Sie ist wohl ....

– **Was hält Monikas Vater davon?**

Ü8 Bitte schreiben Sie eine „Parallelgeschichte":

Drei Jahre später. Monika wohnt jetzt in der Stadt. Sie ist verheiratet. Ihr Mann arbeitet in einem Ingenieurbüro. Sie haben eine kleine Wohnung am Stadtrand. Sie haben jetzt ein Kind. Monika hat aufgehört zu arbeiten.

Abends wartete sie auf Klaus. Er arbeitete in der Stadt, die Busverbindungen sind schlecht. Sie, Monika und das Kind, saßen am Tisch und warteten auf Klaus. ...

Bei den Eltern wohnen oder ausziehen? – Zwei Interviews

2

a

Eckehard ist gerade von zu Hause ausgezogen.

Die Fragen im Interview mit Eckehard beziehen sich auf

– Alter und Schulbildung,

– gegenwärtige Tätigkeit (Zivildienst statt Wehrdienst),

– Gründe für den Auszug von zu Hause,

– Probleme bei der Wohnungssuche,

– erste Erfahrungen mit der Wohngemeinschaft (WG), in der er seit einigen Wochen wohnt.

Ü9 Hören Sie das Interview in Abschnitten und notieren Sie Stichwörter zu den Antworten.

Ü10 Geben Sie den Inhalt des Interviews wieder.

b

Stefanie wohnt noch bei ihren Eltern, aber sie würde auch gerne ausziehen.

Stefanie ist fast neunzehn. Sie geht noch aufs Gymnasium und wohnt zu Hause bei den Eltern. Sie hat ein eigenes Zimmer.
Sie würde auch gerne ausziehen und sich eine eigene Wohnung nehmen, wenn sie das Geld dafür hätte. Sie meint, daß ihre Eltern jetzt nichts mehr dagegen hätten, wenn sie sich selbständig machen würde.
Wenn sie mit siebzehn ausgezogen wäre, hätte es sicher eine Auseinandersetzung mit den Eltern gegeben, meint sie.
Viele Konflikte zwischen Eltern und Kindern könnte man vermeiden, wenn man mehr miteinander reden würde, sagt sie zum Schluß.

B8–10 ▶

Ü11 Hören Sie die einzelnen Abschnitte des Interviews mehrmals an und vergleichen Sie die Äußerungen von Stefanie mit der schriftlichen Zusammenfassung.
Welche Unterschiede gibt es a) inhaltlich, b) sprachlich?

3

„Bei uns ist das anders!"

Den folgenden Bericht hat Elham Abdel Attif, ein ägyptischer Germanistikstudent, nach fünf Monaten Studium an der Universität Essen geschrieben:

Elham Abdel Attif

Petra denkt anders

Als ich in der BRD war, fand zwischen meiner deutschen Freundin und mir die folgende Diskussion statt. Das war die erste Diskussion, die ich in Deutschland führte.

Sie: Elham, sag mal, wie gefällt es dir hier?

5 *Ich:* Gut gefällt es mir. Man kann hier mit anderen Leuten in Kontakt kommen. Ich finde das schön. Und du? Was meinst du? Gefällt es dir auch hier?

Sie: Wunderbar, unheimlich toll. Es freut mich sehr, hier zu wohnen. Hier kann ich ruhig leben.

10 *Ich:* Wieso ruhig, Petra? Hier ist es manchmal laut.

Sie: Elham, du hast mich falsch verstanden. Ich meine, daß ich ohne Probleme lebe.

Ich: Mit wem hast du Probleme?

Sie: Mit meiner Familie.

15 *Ich:* Wieso denn? Wo wohnt deine Familie?

Sie: Hier in Essen.

Ich: In Essen!? Und warum wohnst du nicht bei deiner Familie?

Sie: Ich verstehe mich nicht mit meinem Vater.

Ich: Erzähl mal!

20 *Sie:* Ich kann machen, was ich will. Wenn wir über eine Sache diskutieren, sind unsere Meinungen immer anders. Er ist immer von seiner Meinung überzeugt und will sie nicht ändern. Auch mein Bruder wohnt nicht mehr zu Hause und auch meine Schwester.

Ich: Das ist ja unglaublich! Alle wohnen voneinander getrennt?
25 Oh, mein Gott, wo ist denn dann die Familie?

Sie: Das ist oft so in Deutschland. Viele Jugendliche in unserem Alter wohnen von ihrer Familie weg. Aber sie besuchen sie einmal in der Woche.

Ich: So? Das finde ich sehr schlimm. Bei uns z.B. ist das ganz
30 anders. Obwohl wir verschiedene Meinungen zu bestimmten Dingen haben, akzeptiert jeder die Meinung des anderen. Wir leben immer zusammen. Wir könnten nicht getrennt voneinander leben. Die Beziehung zwischen dem Vater und seinen Kindern ist viel stärker als unsere verschiedenen Meinungen zu Klei-
35 nigkeiten.

Sie: Aber diese starke Beziehung gibt euch nicht die Möglichkeit, auf eigenen Füßen zu stehen.

Ich: Doch! Es stimmt, daß wir in der Familie wohnen und daß jeder seine Aufgabe hat, die er erfüllen muß. Wir lieben unseren
40 Vater, und wir sind davon überzeugt, daß er mehr Erfahrung hat als wir. Aber das heißt nicht, daß wir alles machen, was er will. Es muß immer erst eine Diskussion geben.

Sie: Sag, was du willst, Elham. Du wirst mich nie überzeugen. Wir sind einfach anders. Wir denken anders und leben in verschie-
45 denen Kulturen. Deshalb ist es schwer, daß wir uns einig werden.

Ich: Ja, du hast recht!

Ü 12   **Ausziehen oder bei den Eltern bleiben?**
      Welche Argumente bringt Petra, welche Elham?

Ü 13   **Und Sie – was denken Sie?**

Ich finde/glaube/denke/meine, daß ....
Ich bin der Meinung/Überzeugung, daß ....
Meiner Meinung nach ....

①
Vermißtes Kind schlief in einem Schneehaufen

Gießen (dpa)

5 Ein sechsjähriger Junge hat in der Nacht zum Mittwoch rund sieben Stunden lang in einem Schneehaufen geschlafen, ehe ihn eine Suchmannschaft entdeckte.

Ü 14 – Welche Informationen bekommen Sie durch die Überschrift?
– Vergleichen Sie den Inhalt der Überschrift mit dem Inhalt des ersten Satzes. – Vergleichen Sie einzelne Informationen, z.B. „Kind" – „Ein sechsjähriger Junge".
– Wie geht die Zeitungsmeldung wohl weiter?
Welche Informationen folgen noch? Notieren Sie Stichwörter.

② Wie ein Polizeisprecher in Gießen mitteilte, hatte die in Lahnau im Lahn-
10 Dill-Kreis wohnende Mutter ihren Sohn gegen 19 Uhr vermißt. Nachforschungen ergaben, daß er bis gegen Abend in einem Nachbarhaus gespielt und sich dann für den Heimweg verabschiedet hatte. Ein von der Polizei zusammengestellter
15 Suchtrupp von rund 100 Helfern, darunter Feuerwehrmänner und Freiwillige, fand den Jungen kurz nach ein Uhr morgens friedlich schlafend in einem etwa 100 Meter von der Wohnung entfernten Schneehaufen. Das Kind war wohlbehalten.
20 Wie eine ärztliche Untersuchung ergab, hatte es nicht einmal eine Unterkühlung erlitten.

Mittwoch	Polizei-sprecher
Di 19⁰⁰	Kind vermißt

B7.2

6/15 *die Suchmannschaft / der Suchtrupp:* viele Leute, die zusammen suchen; 11 *die Nachforschungen* → nachforschen: suchen; 13 *der Heimweg:* der Weg nach Hause; 19 *wohlbehalten:* gesund; 21 *eine Unterkühlung erleiden:* sehr (gefährlich) kalt werden

Ü 15 – Vergleichen Sie Ihre Stichwörter mit Text ②. Sind in Text ② überraschende Neuigkeiten?
– Notieren Sie die ungefähren Uhrzeiten für die verschiedenen Handlungen in der Tabelle neben Text ②.

– Vergleichen Sie den Inhalt von Text ① und Text ②.
– Paßt die Überschrift *„Vermißtes Kind schlief in einem Schneehaufen"* gut zu dieser Zeitungsmeldung?
Oder haben Sie einen besseren Vorschlag?

schlief in einem Schneehaufen

Gießen (dpa) _____ hat in der Nacht zum Mittwoch rund sieben Stunden lang in einem Schneehaufen geschlafen, ehe ___ eine Suchmannschaft entdeckte. Wie ein Polizeisprecher in Gießen mitteilte, hatte die in Lahnau im Lahn-Dill-Kreis wohnende Mutter _____ gegen 19 Uhr vermißt. Nachforschungen ergaben, daß ___ bis gegen Abend in einem Nachbarhaus gespielt und sich dann für den Heimweg verabschiedet hatte. Ein von der Polizei zusammengestellter Suchtrupp von rund 100 Helfern, darunter Feuerwehrmänner und Freiwillige, fand _____ kurz nach ein Uhr morgens friedlich schlafend in einem etwa 100 Meter von der Wohnung entfernten Schneehaufen. _____ war wohlbehalten. Wie eine ärztliche Untersuchung ergab, hatte ___ nicht einmal eine Unterkühlung erlitten.

Vermißtes Kind

Ein sechsjähriger Junge

ihn

ihren Sohn

er

den Jungen

Das Kind

es

Ü 16 Wie Sie sehen, erscheint „das Kind/der Junge" immer wieder im Text. Die verschiedenen Benennungen laufen wie eine „Kette" durch den Text. Verfolgen Sie andere „Ketten" durch den Text, z. B.:

in Lahnau im Lahn-Dill-Kreis

in einem Nachbarhaus

5 Was ist ein Text?

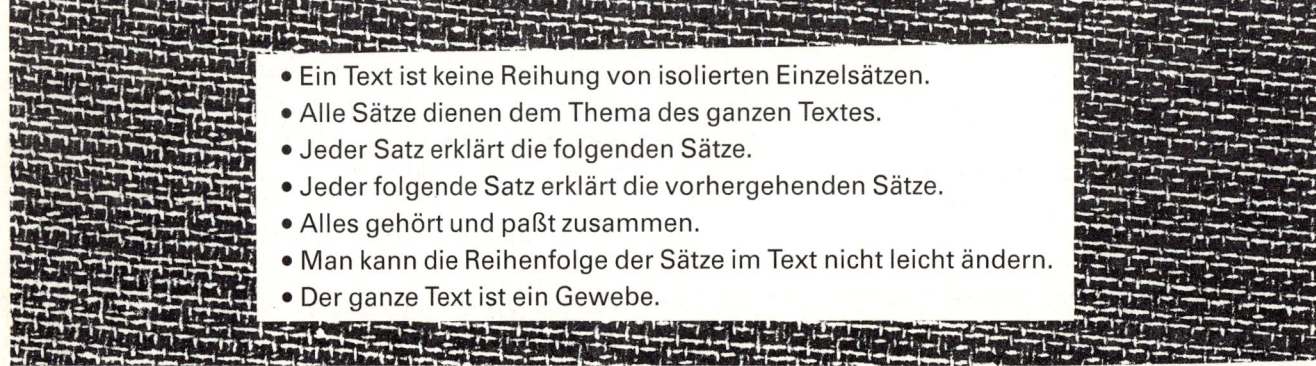

- Ein Text ist keine Reihung von isolierten Einzelsätzen.
- Alle Sätze dienen dem Thema des ganzen Textes.
- Jeder Satz erklärt die folgenden Sätze.
- Jeder folgende Satz erklärt die vorhergehenden Sätze.
- Alles gehört und paßt zusammen.
- Man kann die Reihenfolge der Sätze im Text nicht leicht ändern.
- Der ganze Text ist ein Gewebe.

Ü 17 Ist „Vermißtes Kind schlief in einem Schneehaufen" nach dieser Definition ein Text?

Freitagnachmittag, 15.45 Uhr. Die Bank schließt in 15 Minuten. Vor den Schaltern steht noch eine Reihe von Kunden, die es eilig haben.

Paolo Rossi hat gerade 500 Mark abgehoben, und die Bankangestellte fragt ihn, ob er das Geld lieber in kleinen Scheinen (50,–/20,–/10,–) haben will. Aber er möchte lieber fünf Hunderter haben.

Frau Angermann findet, daß die Angestellte schneller arbeiten könnte, und sie sagt ihr das auch. Sie will 150 Mark auf das Sparbuch ihrer Enkelin einzahlen, die bei ihr zu Besuch ist.

Sabine kann ihr Sparschwein kaum noch halten. Es ist voller Geldstücke. Sie will es öffnen lassen und mit dem Geld ihre Freunde zu einem Eis einladen. Die Angestellte fragt sie, ob sie das Geld nicht lieber sparen will. Aber Sabine sagt ihr, daß sie es nun lange genug gespart hat, und heute ist ihr Geburtstag.

Am Schalter 2 steht ein schwedischer Tourist und möchte Kronen in Deutsche Mark wechseln. Er findet den Wechselkurs sehr ungünstig und behauptet, daß er vor einer Woche in Frankfurt viel besser getauscht hat.

Hinten in der Reihe stehen zwei Männer, die kein Konto und kein Geld haben.

Ü1 – **Wie viele Gesprächssituationen entstehen hier?**
– **Schreiben Sie dazu in Arbeitsgruppen kurze Dialoge.**
– **Spielen Sie die Dialoge in kleinen Szenen vor.**

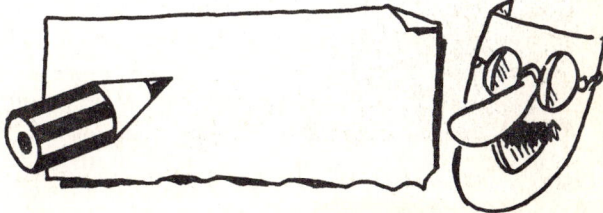

1 Passiv (Wiederholung und Ergänzung am Beispiel der 3. Person Singular) → 13B5

Präsens	Der Tisch	wird	gedeckt.	
Präteritum	Der Tisch	wurde	gedeckt.	
Perfekt	Der Tisch	ist	gedeckt	worden.
Plusquamperfekt	Der Tisch	war	gedeckt	worden.
			PARTIZIP II	
			TEMPUSFORMEN von „werden"	

Ü1

2 Vorgangspassiv und Zustandspassiv

..... bis 8.30 Uhr | von 8.30 ..... bis ..... 8.50 Uhr | ab 8.50 Uhr .....

Der Tisch **war leer**.

Alter Zustand

Der Tisch **ist gedeckt worden**.

Vorgang

VORGANGSPASSIV

Der Tisch **ist gedeckt**.

Neuer Zustand

ZUSTANDSPASSIV

Ü1

3 Partizip I: Bildung

Infinitiv Präsens	Partizip I
dampf - en	dampf - **end**
koch - en	koch - **end**
sing - en	sing - **end**
lach - en	lach - **end**
⚠ lächel - **n**	lächel - **nd**
	STAMM - (e)nd

Ü2

Partizip II und Partizip I als Attribut → 11B3–4

4

4.1 Das Partizip II als Attribut

Artikel	Attribut	Substantiv
der	groß-e gedeckt-e	Tisch
	ADJEKTIV - e	
	PARTIZIP II - e	

4.2 Das Partizip I als Attribut

Artikel	Attribut	Substantiv
der	heiß-e dampfend-e	Kaffee
	ADJEKTIV - e	
	PARTIZIP I - e	

Ü3 ▶

Partizip II und Partizip I: Grundbedeutung

5

5.1 Partizip II

der gedeckte Tisch:
das gekochte Ei:

Das bedeutet:

Der Tisch ist (vorher) gedeckt worden.
Das Ei ist (vorher) gekocht worden.

PERFEKT PASSIV

5.2 Partizip I

der dampfende Kaffee:
das lächelnde Fräulein:

Der Kaffee dampft (jetzt).
Das Fräulein lächelt (jetzt).

PRÄSENS AKTIV

Ü4 ▶

Partizipialkonstruktionen mit Partizip II und Partizip I

6

6.1 mit Partizip II

Die Eltern  sitzen

PARTIZIPIALKONSTRUKTION

am gedeckten Tisch.

JETZT:

Die Eltern sitzen (jetzt) am Tisch.

VORHER:

Der Tisch ist (vorher) gedeckt worden.

Vorzeitigkeit

6.2 mit Partizip I

PARTIZIPIALKONSTRUKTION

Die Eltern (sitzen) vor dem (dampfenden) Kaffee.

JETZT: Die Eltern (sitzen) (jetzt) vor dem Kaffee.

JETZT: Der Kaffee (dampft) (jetzt).

Gleichzeitigkeit

Ü5,6

7 Partizipialkonstruktion und Relativsatz

7.1 Partizip und Relativsatz als Attribut

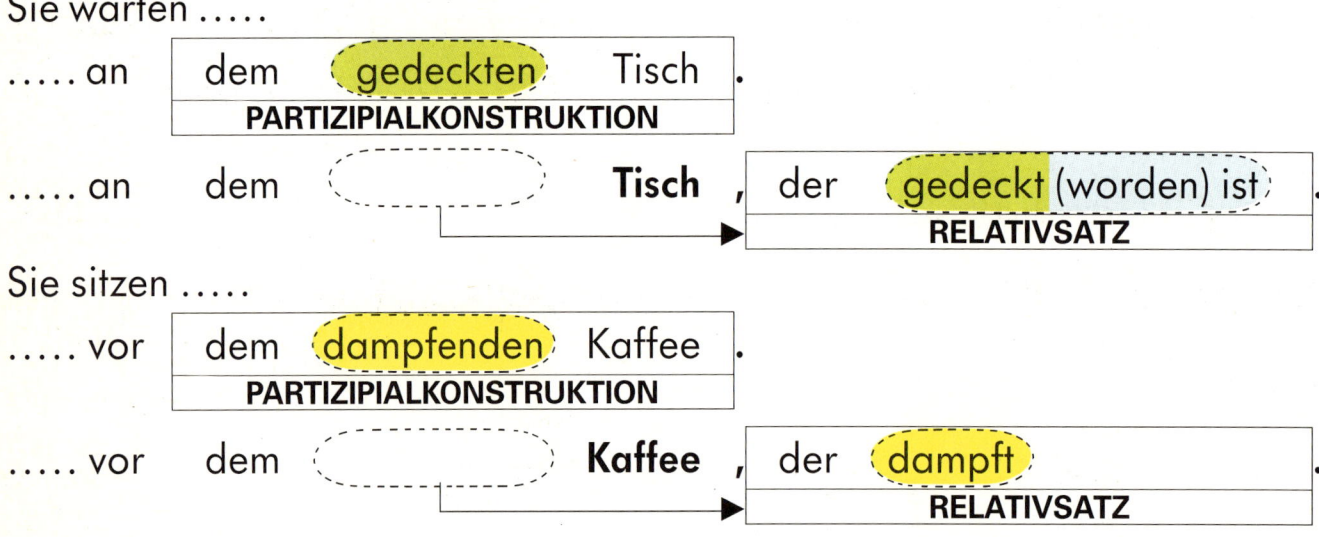

Sie warten .....

..... an dem (gedeckten) Tisch .
PARTIZIPIALKONSTRUKTION

..... an dem ⟨   ⟩ **Tisch** , der (gedeckt (worden) ist) .
RELATIVSATZ

Sie sitzen .....

..... vor dem (dampfenden) Kaffee .
PARTIZIPIALKONSTRUKTION

..... vor dem ⟨   ⟩ **Kaffee** , der (dampft) .
RELATIVSATZ

7.2 Partizipialkonstruktion ⇆ Relativsatz

P A R T I Z I P I A L K O N S T R U K T I O N				
Ein	von der Polizei	zusammengestellter	Suchtrupp	fand das Kind.
Das	in einem Schneehaufen	schlafende	Kind	war wohlbehalten.
ARTI-KEL		PARTIZIP II/I	SUBSTANTIV	

Ü5,6

Ein	**Suchtrupp**	, **der**	von der Polizei	zusammengestellt worden war	,...
Das	**Kind**	, **das**	in einem Schneehaufen	schlief	,...

R E L A T I V S A T Z

Der Konjunktiv II (gebildet vom Präteritum): Formen

8

	Unregelmäßige Verben, z. B. kommen	Regelmäßige Verben, z. B. machen	sein	haben	Endung
Singular					
1. ich	käm-e	mach-t-e	wär-e	hätt-e	-e
2. du	käm-est	mach-t-est	wär-est	hätt-est	-est
Sie	käm-en	mach-t-en	wär-en	hätt-en	-en
3. er sie es }	käm-e	mach-t-e	wär-e	hätt-e	-e
Plural					
1. wir	käm-en	mach-t-en	wär-en	hätt-en	-en
2. ihr	käm-et	mach-t-et	wär-et	hätt-et	-et
Sie	käm-en	mach-t-en	wär-en	hätt-en	-en
3. sie	käm-en	mach-t-en	wär-en	hätt-en	-en
PRÄTERITUM-Stamm mit Umlaut / ohne Umlaut + KONJUNKTIV-Endung					

Vergleichen Sie den Indikativ Präterium ➡ 10B1

Der Konjunktiv II: Ersatzformen mit „würd-" ➡ 13B2

Ü 7, 8 ▶

Der Konjunktiv II (gebildet vom Plusquamperfekt): Formen

9

Singular				
1. ich	wär-e		hätt-e	
2. du	wär-est		hätt-est	
Sie	wär-en		hätt-en	
3. er sie es }	wär-e	gekommen gewesen geblieben	hätt-e	besucht gemacht gehabt .....
Plural				
1. wir	wär-en		hätt-en	
2. ihr	wär-et		hätt-et	
Sie	wär-en		hätt-en	
3. sie	wär-en		hätt-en	
KONJUNKTIV II von „sein"	**+ PARTIZIP II**		**KONJUNKTIV II von „haben"**	**+ PARTIZIP II**

Ü 7, 8 ▶

10 Der Konjunktiv II: Gebrauch → 13B2/10, 15B2/4

10.1 Potentialis

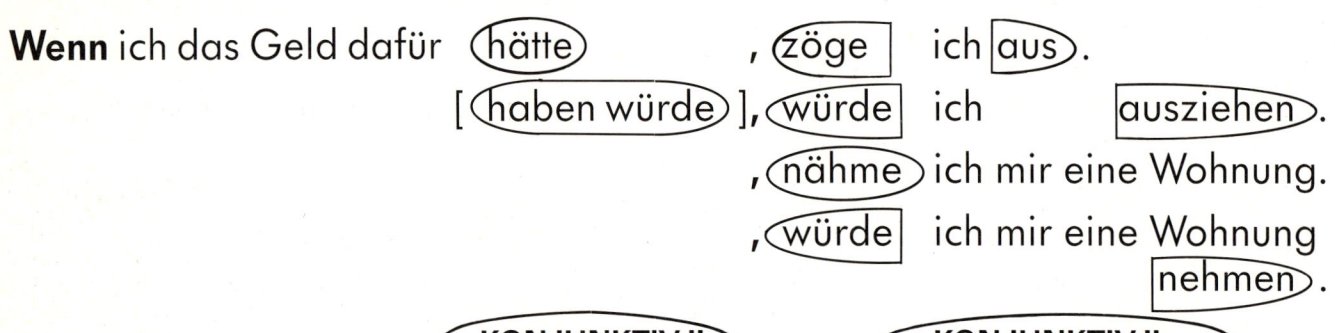

Wenn ich das Geld dafür (hätte) , (zöge) ich (aus) .
[(haben würde)], (würde) ich (ausziehen) .
, (nähme) ich mir eine Wohnung.
, (würde) ich mir eine Wohnung (nehmen) .

KONJUNKTIV II (vom Präteritum) , KONJUNKTIV II (vom Präteritum)

Das bedeutet zugleich:

Aber ich **habe jetzt kein Geld** dafür, deshalb **ziehe** ich **jetzt nicht aus**.
deshalb **nehme** ich mir **jetzt keine** Wohnung.

JETZT: nicht – vielleicht SPÄTER = potential

10.2 Irrealis

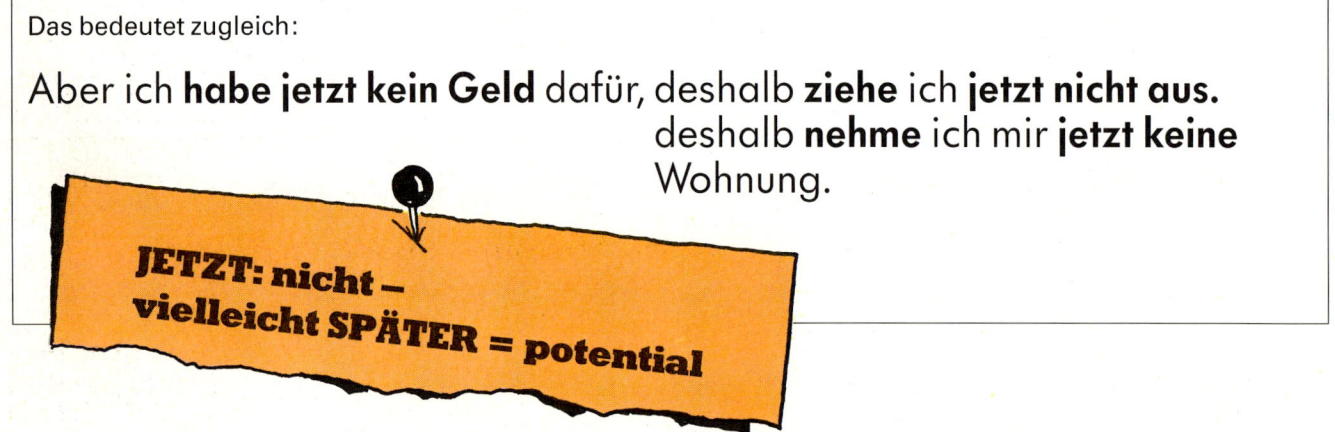

Wenn ich mit 17 (ausgezogen wäre) , (hätte) es eine Auseinandersetzung (gegeben) .
, (wäre) es zu Konflikten (gekommen) .

KONJUNKTIV II (vom Plusquamperfekt) , KONJUNKTIV II (vom Plusquamperfekt)

Das bedeutet zugleich:

Aber ich **bin damals nicht ausgezogen**, deshalb **hat** es **keine** Auseinandersetzung **gegeben**.
deshalb **ist** es **nicht** zu Konflikten **gekommen**.

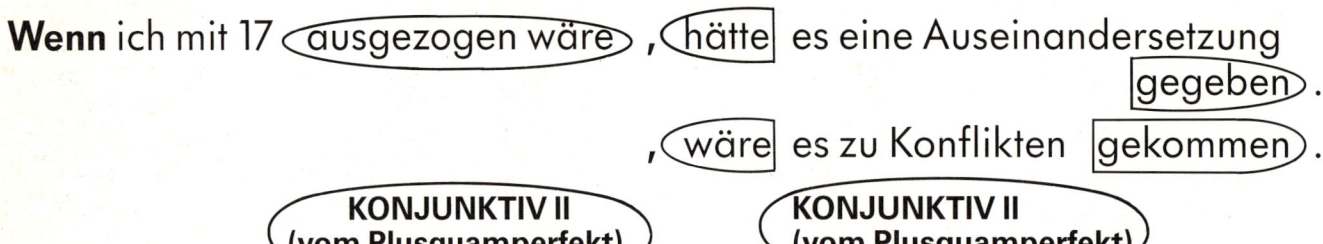

DAMALS: nicht real = irreal!
AUCH SPÄTER: nicht real = irreal!

Ü 7, 8

Ü1 Beschreiben Sie bitte
a) *den Vorgang,* der den alten Zustand geändert hat, und
b) *den neuen Zustand.*

Beispiel: **1. a)** Der Tisch *ist gedeckt worden.* – **b)** Der Tisch *ist gedeckt.*

Alter Zustand	Vorgang	Neuer Zustand		Alter Zustand	Vorgang	Neuer Zustand
1.	decken		6.		unter-streichen	
2.	schälen		7.		auf-schlagen	
3.	abstellen		8.		schreiben	
4.	schließen		9.		verletzen	
5.	öffnen		10.		verhaften	

Ü2 **Was sehen Sie auf dem Bild? Ergänzen Sie bitte:**

hängen (2×), stehen, lesen, liegen (2×), schauen, sitzen (2×)

Ich sehe .....
..... eine auf dem Boden _____ Trompete.
..... mehrere auf Stühlen _____ Menschen.
..... einen in einem Buch _____ Mann.
..... eine _____ alte Frau.
..... eine an der Decke _____ Lampe.
..... eine geradeaus _____ jüngere Frau.
..... zwei schief an der Wand _____ Bilder.
..... eine auf den Hinterbeinen _____ Maus.
..... eine auf dem Boden _____ Rose.
....

Ü3 **Was ist auf den Bildern in Ü1 unter „Neuer Zustand" zu sehen? Beschreiben Sie bitte.**

Beispiel: Auf Bild 1 ist **ein gedeckter Tisch** zu sehen. Auf Bild 2 .....

Ü4 **Erklären Sie die Bedeutung: a) Partizip II oder b) Partizip I**

Beispiel: a) **Ein gedeckter Tisch** ist ein **Tisch, der** (vorher) **gedeckt worden ist.**
         b) **Lächelnde Menschen** sind **Menschen, die** (jetzt/gerade) **lächeln.**

Aufgaben:

1. ein repariertes Auto 2. kochendes Wasser 3. ein verbotener Ausdruck 4. spielende Kinder 5. gekochte Kartoffeln 6. dampfender Kaffee 7. ein gebügeltes Hemd 8. zurückgehende Temperaturen 9. eine zurückgelegte Strecke 10. zusammengesetzte Wörter 11. ein weinender Junge 12. gelernte Wörter 13. verdientes Geld 14. ein gemaltes Bild 15. gut aussehende Männer und Frauen

Ü5 **Ersetzen Sie die Partizipialkonstruktion durch einen Relativsatz.**

Beispiel: **Ein schon lange vermißtes Kind** schlief in einem Schneehaufen.
         Ein Kind, **das schon lange vermißt worden war,** schlief in einem Schneehaufen.

Aufgaben:

1. **Der friedlich in einem Schneehaufen schlafende Junge** wurde um 1 Uhr nachts entdeckt. 2. **Das von dem Suchtrupp entdeckte Kind** war unverletzt. 3. In einem Text erklärt jeder Satz **die folgenden Sätze.** 4. Und **jeder folgende Satz** erklärt **die vorhergehenden Sätze.** 5. Der Text „Petra denkt anders" ist von **einem an der Universität Essen studierenden Studenten** geschrieben worden. 6. **Den von der Freundin vorgebrachten Argumenten** kann ich nicht zustimmen. 7. **Das von Elham beschriebene Zusammenleben der Familien** finde ich viel besser. 8. **Die von den Eltern getrennt lebenden Jugendlichen** lernen, auf eigenen Füßen zu stehen, sagt die Freundin.

Ü6 **Ersetzen Sie die Partizipialkonstruktionen in Ü2 durch einen Relativsatz.**

Beispiel: Ich sehe **eine auf dem Boden liegende Trompete.**
         Ich sehe **eine Trompete, die auf dem Boden liegt.**

Aufgaben: Ich sehe **mehrere auf Stühlen sitzende Menschen.** .....

Ü7 **Fragen und antworten Sie bitte.**

Beispiel:

„Was **täten** Sie (Was **würden** Sie **tun**), wenn Sie mehr Zeit **hätten**?" –
„Ich **würde** mehr **lesen, würde** mehr Briefe **schreiben, würde** länger **schlafen,** ....."

Ü8 **Fragen und antworten Sie bitte.**

Beispiel:

„Was **hätten** Sie **getan**, wenn Sie viel Geld **gehabt hätten**?" –
„Ich **wäre** zuerst acht Wochen lang in Urlaub **gefahren**, dann **hätte** ich eine Weltreise **gemacht,** ....."

mehr Zeit haben

Politiker sein

plötzlich Besuch von 20 Leuten bekommen

einem Radfahrer auf der Autobahn begegnen

allein auf einer Insel leben

Wetter besser sein

den Präsidenten (Ihres Landes) am Telefon haben

im Lotto gewinnen

mehr Geld haben

Zusammengesetzte Substantive (Komposita)

Karin M. (16 Jahre alt): „Ich verstehe meine Mutter nicht! Wenn ich im Haushalt nichts mache, schimpft sie; wenn ich mal koche, ist sie auch nicht zufrieden. ‚Du und deine Kochversuche‘, sagt sie. Kein Wunder, daß ich dann einfach den Kühlschrank leeresse. Auch sonst habe ich Probleme. Sie läßt mir keinen Spielraum: Wenn ich Rockmusik höre, ist es ihr zu laut. Wenn ich abends nach Hause komme, muß ich klingeln, weil sie mir keinen Hausschlüssel gibt. Und morgens, wenn ich gemütlich im Badezimmer bin, meckert sie und sagt, ich soll mich beeilen. Also, ich will weg von zu Hause!"

„Du und deine Kochversuche"   11

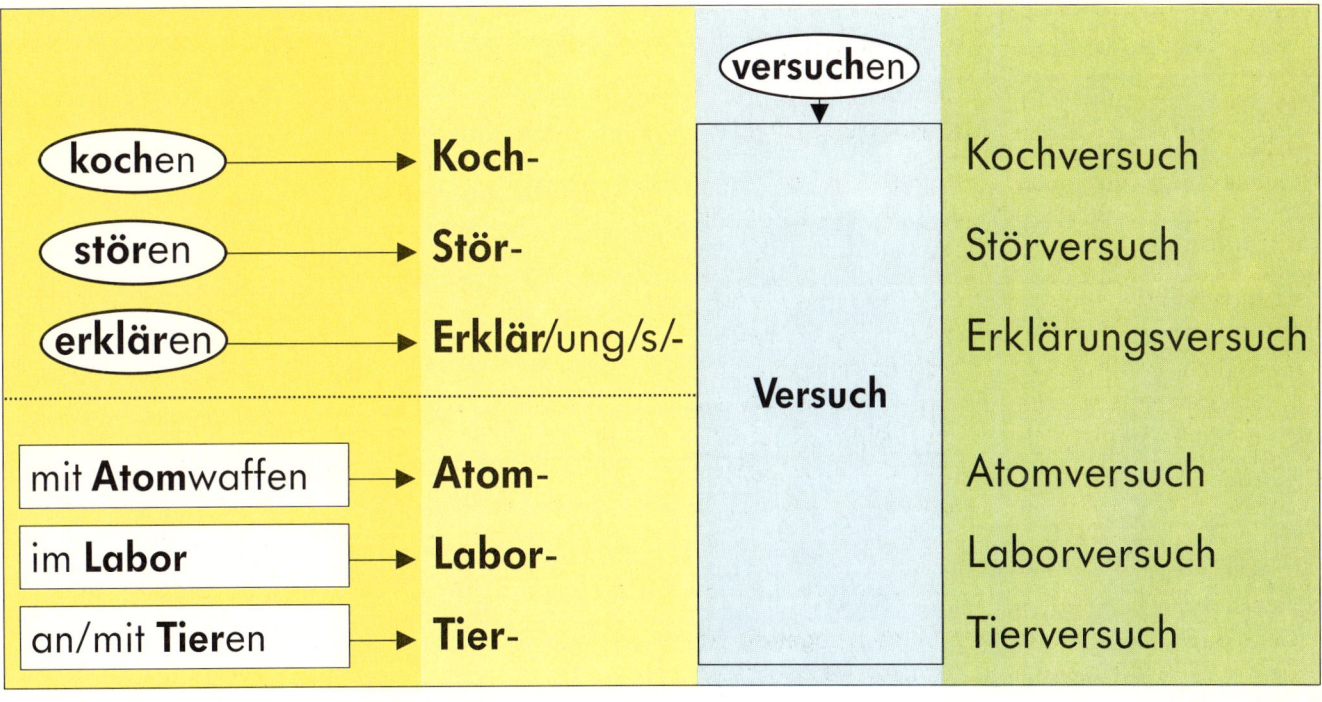

Ü9   „Kochversuche" sind Versuche, selbst zu kochen. – „Atomversuche" sind Versuche mit .....
Erklären Sie die zusammengesetzten Substantive mit *-versuch.*

„Sie läßt mir keinen Spielraum." = Möglichkeit („Raum"), sich frei zu bewegen (zu „spielen")   12

Ü 10   Prüfen und erklären Sie mit Hilfe eines Wörterbuchs die folgenden zusammengesetzten Substantive mit *-raum:*

Freiraum, Kofferraum, Lagerraum; Weltraum, Wohnraum, Zeitraum, Zwischenraum

„Kein Wunder, daß ich dann einfach den Kühlschrank leeresse." = Schrank, in dem Nahrungs-   13
mittel und Getränke gekühlt werden

Ü 11   Prüfen und erklären Sie mit Hilfe eines Wörterbuchs die folgenden zusammengesetzten Substantive mit *-schrank:*

Bücherschrank, Geldschrank, Kleiderschrank, Wäscheschrank;
⚠ Küchenschrank;
⚠ Glasschrank

14　„Und morgens, wenn ich gemütlich im <u>Badezimmer</u> bin …"

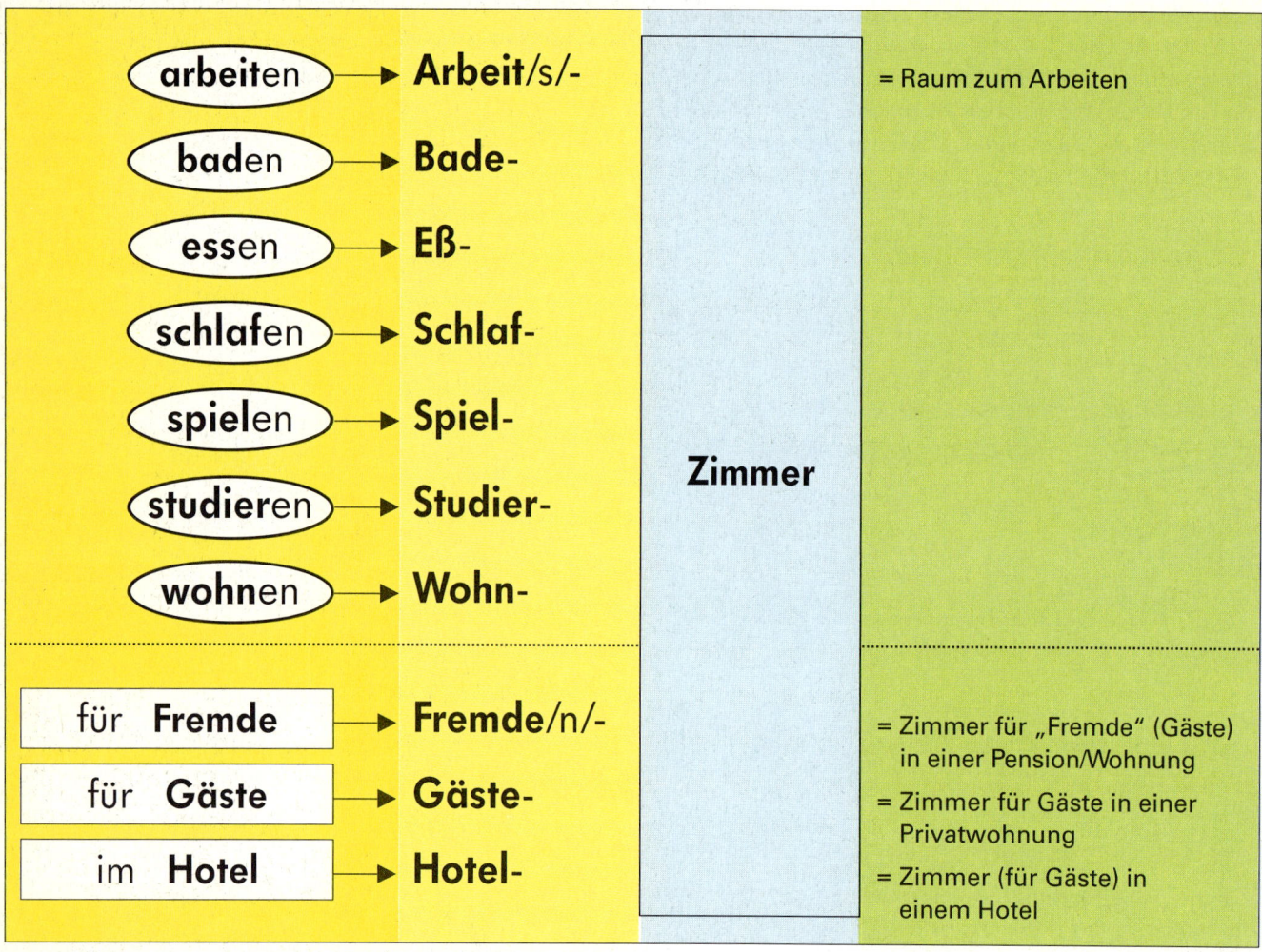

arbeit**en** →	**Arbeit**/s/-	= Raum zum Arbeiten
bad**en** →	**Bade-**	
ess**en** →	**Eß-**	
schlaf**en** →	**Schlaf-**	
spiel**en** →	**Spiel-**	**Zimmer**
studier**en** →	**Studier-**	
wohn**en** →	**Wohn-**	
für **Fremde** →	**Fremde**/n/-	= Zimmer für „Fremde" (Gäste) in einer Pension/Wohnung
für **Gäste** →	**Gäste-**	= Zimmer für Gäste in einer Privatwohnung
im **Hotel** →	**Hotel-**	= Zimmer (für Gäste) in einem Hotel

Ü 12　Prüfen und definieren Sie mit Hilfe eines Wörterbuchs:

Krankenzimmer, Kinderzimmer; Wartezimmer; Hinterzimmer, Nebenzimmer; Vorzimmer

15　„… weil sie mir keinen <u>Hausschlüssel</u> gibt." = Schlüssel für das Haus

Ü 13　Suchen Sie Beispielsätze, in denen die folgenden Wörter mit *-schlüssel* vorkommen:

Autoschlüssel, Schrankschlüssel, Türschlüssel, Zimmerschlüssel; Lösungsschlüssel

16　„Wenn ich <u>Rockmusik</u> höre, …"

Ü 14　Versuchen Sie, die folgenden Wörter mit *-musik* mit Hilfe eines Wörterbuchs zu erklären:

Filmmusik, Kirchenmusik, Marschmusik, Militärmusik, Popmusik, Tanzmusik, Volksmusik

1

Ernst Jandl

familienfoto

der vater hält sich gerade
die mutter hält sich gerade
der sohn hält sich gerade
der sohn hält sich gerade
der sohn hält sich gerade
der sohn hält sich gerade
der sohn hält sich gerade
die tochter hält sich gerade
die tochter hält sich gerade

ERNST JANDL, *1925 in Wien, ist einer der bekanntesten österreichischen Dichter der Gegenwart. Er hat unter anderem Gedichte und Hörspiele geschrieben.

Ü1 **Welches der Fotos auf dieser Seite und auf Seite 25 passen Ihrer Meinung nach am besten zu Jandls Gedicht? Begründen und diskutieren Sie.**

In einem Aufsatz über „Die schöne Kunst des Schreibens" vergleicht Jandl seine Schreibtechnik mit dem Fotografieren:

> Ein Bild, eine Fotografie, zeigt Ihnen alles gleichzeitig; dann können Sie jedes Detail studieren, solange Sie wollen, aber zuerst zeigt sich alles gleichzeitig. Eine Fotografie, ein Bild, kann man sagen, besitzt keine Zeit-Dimension, […] eine Fotografie numeriert nicht, zählt nicht, kennt auch keine Mehrzahl: alles ist einzeln und gleichzeitig da, in einer Fotografie, zwei Männer, in einer Fotografie, sind: ein Mann und ein Mann; drei Kinder: ein Kind und ein Kind und ein Kind. Sie verstehen, warum Wiederholung geschieht, und Sie verstehen Wiederholung.

Ü2 **– Was ist nach Ernst Jandl typisch für ein Foto?**
– Ist das in seinem Gedicht „Familienfoto" auch erkennbar?

Das Gedicht *familienfoto* zeigt Jandls fotografische Technik sehr gut.
So erklärt Jandl selbst sein Gedicht:

> Die Menge von unterschiedenen Personen ist 4 […]: „der vater", „die mutter", „der sohn", „die tochter". Die Menge von vorhandenen Personen ist 9, und die Wiederholung der Wörter nennt […] alle neun. Es ist klar, warum es nicht genügt hätte, es zu sagen, wir wir es gewohnt sind:
>
> > die eltern halten sich gerade
> > fünf söhne halten sich gerade
> > zwei töchter halten sich gerade
>
> sondern sagen mußten: „der vater", „die mutter", „der sohn", „der sohn", „der sohn", „der sohn", „der sohn", „die tochter", „die tochter", es so sagen mußten, um ein Gedicht zu erreichen, fast wie eine Fotografie.

B 3 ▶

<u>Knut und Ulla Kokoschka</u>, beide Ärzte in Bad Salzuflen, unterhalten sich mit einem alten Freund. Thema: ihre Heirat und die Geburt ihrer Tochter Alina vor sechs Jahren.

Ü3 Bitte hören Sie sich Abschnitt a des Gesprächs mehrere Male an.

– Machen Sie dann Notizen zu den Eltern:
Wann haben sie geheiratet? *Wo?*
Wo haben sie damals gelebt?
Welche Berufe hatten sie?
Wollten sie Kinder? Wenn ja, *wann?*
Was hat sich durch die Geburt der Tochter Alina in ihrem Leben geändert?

– Hören Sie sich nun das Gespräch noch einmal an und ergänzen Sie Ihre Notizen.

– Vergleichen Sie in der Gruppe Ihre Ergebnisse.

b

Als Alina zur Welt kam, waren beide Eltern fast fertig mit ihrer Arztausbildung. Sie verabredeten folgendes:

Zuerst sollte Knut seine Ausbildung abschließen. Während dieser Zeit würde Ulla den Haushalt machen und für die Tochter sorgen.

Danach sollte Ulla die Chance haben, ihr Arztstudium abzuschließen. Knut würde in dieser Zeit den Haushalt machen und für die Tochter sorgen.

Das haben sie dann auch so gemacht.

B1–2 ▶

Ü4 Hören Sie nun Abschnitt b des Gesprächs, in dem Knut über seine Zeit als Hausmann erzählt.

– Wenn Sie Abschnitt b mehrere Male gehört haben, machen Sie bitte Notizen zu folgenden Stichpunkten:
● Gab es „Startprobleme"? Wenn ja, welche Lösungen werden im Gespräch angedeutet?
● Welche Aktivitäten eines Hausmanns werden genannt?

● Wie urteilt Knut selber über seine Rolle als Hausmann? Was sieht er *positiv*, was *negativ?*
● Wie urteilt seine Frau darüber?

– Vergleichen Sie abschließend Ihre Notizen noch einmal mit dem Gespräch vom Tonband.

– Wie sehen *Sie* das: Sollte jeder Vater das tun, was Knut getan hat? Sammeln Sie Argumente dafür und dagegen. Diskutieren Sie die Ergebnisse in der Gruppe.

3 | Ü5 | Stellen Sie sich vor:
Sie sind berufstätig. Den ganzen Tag haben Sie schwer
gearbeitet. Jetzt kommen sie nach Hause und sind sehr müde.
– Was wollen Sie? Was wollen Sie nicht?
– Was tun Sie?
– Wie reagieren Sie?

Ü6 Vom Berliner GRIPS-Theater stammt das unten abge-
druckte Lied zu diesem Thema.
– Bitte hören Sie sich das Lied ein paarmal an und lesen Sie
den Text mit.
– Was erfahren Sie über den Vater, die Mutter und die Kinder?

GRIPS THEATER BERLIN

Lied der Kinder

Abends wird es bös,
Mutter ist nervös.
Vater kommt nach Haus,
alles aus!

5 Wir woll'n zu ihm geh'n
Er will uns nicht seh'n.
Er will uns nicht hör'n,
weil wir stör'n.

"Ihr seid jetzt ganz mucksmäuschenstill,
10 weil Vater seine Ruhe will."

Vater ist kaputt,
seine Nerven Schutt.
Seine Arbeit tut
ihm nicht gut.

15 Morgens haut er ab,
abends ist er schlapp.
Können vielleicht wir
was dafür?

"Ach, meine Nerven! Ruhe! Raus!
20 Ich halte das nicht länger aus!"

Jedes dufte Spiel
wird Mama zuviel.
Was zum Lachen ist,
nennt sie Mist.

25 Ist dann mal was los,
und der Spaß ist groß,
brüllt sie gar nicht nett:
"Marsch ins Bett!"

9 *ganz mucksmäuschenstill*: total still; 11 *kaputt*: völlig fertig, erschöpft; 12 *seine Nerven Schutt*: er ist
sehr nervös; 15 *abhauen*: in Eile weglaufen; 16 *schlapp*: sehr müde; 21 *dufte*: schön, lustig

Das GRIPS-Theater aus Berlin ist wohl das
bekannteste deutsche Jugendtheater. Es spielt
Stücke für Kinder und Jugendliche. Aber auch
Erwachsene mögen GRIPS. In jedem Stück werden auch Lieder gesungen, mal mit einem Kin-
derchor, mal mit einer Rockband. Die Lieder sind
auch auf LP erschienen.
„Berlin ist eine Reise wert", sagt man. Und das
stimmt. Aber wenn man in Berlin ist, sollte
man auch ins GRIPS-Theater gehen.

Mann fing Kind

HAMBURG, 19. Oktober (dpa). Ein zweieinhalbjähriges Mädchen stürzte aus dem zweiten Stockwerk eines
5 Hamburger Mehrfamilienhauses — direkt in die Arme eines Passanten. Das Kind und sein 50jähriger Retter wurden leicht verletzt. Wie die Polizei am Montag mitteilte, war das
10 Kind auf die Fensterbank geklettert, als die Mutter für kurze Zeit die Wohnung verlassen hatte.

3 *stürzte:* fiel; 5 *Mehrfamilienhaus:* großes Haus mit 3 oder mehr Wohnungen; 7 *der Retter:* Person, die einer anderen aus einer gefährlichen Situation geholfen hat; 10 *geklettert:* gestiegen

Ü7 – „Mann fing Kind" – wie heißt dieser Satz vollständig?
– „*Ein* ... Mädchen" – „*Das* Kind": Warum steht zuerst *ein* (= *unbestimmter* Artikel) und dann *das* (= *bestimmter* Artikel)? Kann man die Reihenfolge der Artikel hier ändern?
– Gibt es für die Reihenfolge *unbestimmt* ➜ *bestimmt* noch ein ähnliches Beispiel im Text?

Ü8 Notieren Sie die Reihenfolge der Ereignisse/ Handlungen im Text:

1) Die Mutter verläßt die Wohnung
2)
3)

Ü9 Begründen Sie, warum dieser Abschnitt „Mann fing Kind" ein/kein Text ist. Benutzen Sie dazu die Textdefinition auf S. 14.

Die kleine verlorene Insel

Es war einmal eine kleine verlorene Insel. Sie lag ganz nah bei einer großen. Wenn man auf der großen Insel stand, konnte man die kleine nicht sehen. Aber vom Meer aus
5 konnte man sie auch nicht finden, denn da sah sie aus wie ein Teil der großen.
Aber *da* war sie, die kleine Insel.
Eine Palme wuchs darauf und dichtes Gebüsch, in dem Vögel wohnten; und ein Affe lebte dort auch. Ja, die
10 kleine Insel war da – und niemand wußte etwas von ihr.
Eines Tages kam ein Seeräuber. Er fuhr rings um die große Insel. Er suchte ein gutes Versteck. Denn er wollte eine große Schatzkiste vergraben. Plötzlich kam er grad an die richtige Stelle, ganz nah an der Küste. Da sah er die
15 kleine Insel vor sich.
„Aha!" sagte er leise. „Hier will ich meinen Schatz vergraben – auf der kleinen Insel. Hier wird ihn nie jemand finden. Niemand wird auf den Gedanken kommen, daß ich ihn auf einer so kleinen Insel verstecke."
20 Er machte ein tiefes Loch auf der kleinen Insel und ...

11 *der Seeräuber:* Gangster auf See; *rings um die ... Insel:* ganz um die Insel herum; 12 *das Versteck:* Platz, den andere nicht finden können; 13 *die Schatzkiste:* Kiste mit viel Geld, Schmuck usw.

Ü10 – „*eine* kleine verlorene Insel" ➜ „*Sie*" ➜ „*die* kleine": Hier sehen wir wieder die Reihenfolge *unbestimmt* (*eine*) ➜ *bestimmt* (*sie, die*). Wie oft wird die kleine Insel im Text genannt? Unterstreichen Sie.
– Suchen Sie noch andere Beispiele im Text, z. B.:
„*ein* Seeräuber" ➜ .....

5

Der kluge Affe

Ein Hund und ein Fuchs sahen gleichzeitig eine Wurst, die jemand verloren hatte. Zuerst kämpften sie darum. Dann beschlossen sie, mit der Beute zum klugen Affen zu gehen.

Ü 11 Erzählen Sie die Geschichte mit Hilfe der Bilder weiter.

Ü 12 Schreiben Sie Ihre Geschichte auf.

Ü 13 Prüfen Sie: Ist Ihr Text wirklich ein „Text"? Benutzen Sie die Textdefinition auf S. 14. Achten Sie auf den Wechsel *unbestimmter Artikel / bestimmter Artikel / Pronomen.*

Ü 14 – Vergleichen Sie Ihren Text mit Texten von anderen Kursteilnehmern.
   – Vergleichen Sie dann Ihren Text mit dem unten abgedruckten Originaltext. Wo sehen Sie Unterschiede?

Der kluge Affe

Ein Hund und ein Fuchs sahen gleichzeitig eine Wurst, die jemand verloren hatte. Zuerst kämpften sie darum. Dann beschlossen sie, mit der Beute zum klugen Affen zu gehen.

5 Der Affe hörte die beiden Tiere aufmerksam an. Dann sprach er das Urteil: „Es ist klar. Jedem von euch gehört die halbe Wurst." Dann teilte der Affe die Wurst und legte die Hälften auf eine Waage. Das eine Stück war schwerer. Also biß er davon ab. Wieder prüfte er das Gewicht. Nun war die andere Hälfte 10 schwerer, und der Affe biß auch davon ein Stück ab. Das machte er so lange, bis er die ganze Wurst verschlungen hatte. Wütend gingen Hund und Fuchs davon.

① ● Wo stand der Mann, als der Überfall passierte?

○ _____

● Und dann hat er Ihnen die Tasche weggerissen?

○ Er hat es versucht, aber ich war stärker.

● _____

② □ Wann haben Sie die Tat geplant?

■ _____

□ Hatten Sie hohe Schulden?

■ _____

* Und der andere Mann ist Ihr Kollege?

■ _____

③ ● _____

▲▼ Den haben wir im Schwimmbad gefunden.

● _____

Ü1 – Schreiben Sie die Dialoge (in Kleingruppen) zu Ende.
– Spielen Sie Ihre Dialoge vor.

Wir haben in *Deutsch aktiv Neu* viele verschiedene Aspekte von „Deutschland" und den deutschsprachigen Ländern dargestellt: Sie haben mit dem Alltagsleben der Menschen, mit Politik, Kunst, Kultur, mit Wirtschaft und Sport zu tun.

Es gibt aber auch noch ein anderes „Deutschland" – das Land der Sagen und Märchen, die häufig zu bestimmten Orten oder Landschaften gehören. Wie Landschaften und diese Art von Literatur zusammenhängen, zeigt die „Literarische Landkarte":

Wir stellen in diesem Lehrbuch vier Geschichten vor, die auch in vielen nicht deutschsprachigen Ländern bekannt sind:

Kapitel 18: die Sage vom *„Rattenfänger von Hameln"* (Stadt an der Weser bei Hannover)

Kapitel 20: die Sage von der *„Loreley"* (romantischer Felsen am Rhein bei Koblenz)

Kapitel 22: *„Die sieben Schwaben"* (aus dem Schwabenland in Südwestdeutschland)

Kapitel 24: *„Till Eulenspiegel"* (aus der norddeutschen Stadt Mölln östlich von Hamburg)

Der Rattenfänger von Hameln

Nach Jacob und Wilhelm Grimm

Im Jahre 1284 kam ein seltsam aussehender Mann nach Hameln. Er hatte bunte Kleider an und sagte: „Ich bin Rattenfänger; für 1000 Taler werde ich die Stadt von allen Mäusen und Ratten befreien."

5 Die Bürger der Stadt versprachen ihm den Lohn, den er verlangte, und der Rattenfänger zog ein Pfeifchen heraus und fing an zu pfeifen. Da kamen gleich die Ratten und Mäuse aus allen Häusern heraus und sammelten sich um ihn.

10 Er ging pfeifend aus der Stadt hinaus und in den Fluß Weser hinein. Die große Schar von Tieren folgte ihm ins Wasser und ertrank.

Aber als die Ratten und Mäuse verschwunden waren, wollten die Bürger dem Rattenfänger seinen Lohn nicht

15 bezahlen. Ohne ein Wort ging er davon.

Am 26. Juni kam er jedoch, mit einer roten Mütze als Jäger verkleidet, nach Hameln zurück. Während alle Erwachsenen in der Kirche waren, ließ er seine Pfeife wieder durch die Stadt ertönen.

Diesmal kamen nicht die Ratten und Mäuse, sondern 20 die Kinder, Jungen und Mädchen, in großer Zahl angelaufen. Diese führte er, immer spielend, zum Osttor der Stadt hinaus zu einem Berg, wo er mit ihnen verschwand. Nur zwei Kinder kamen zurück, weil sie zurückgeblieben waren: Das eine war blind, so daß es 25 den Platz nicht zeigen konnte; das andere war stumm, so daß es nichts erzählen konnte. Und ein kleiner Junge war dem Unglück ganz entgangen, weil er zurückgelaufen war, um seinen Mantel zu holen.

Man sagt, der Rattenfänger hat die Kinder in eine 30 Höhle geführt und ist mit ihnen bis nach Siebenbürgen in Rumänien gewandert. 130 Kinder waren verloren.

Ü1 – Erzählen Sie die Geschichte mit Ihren eigenen Worten nach.
– Gibt es eine ähnliche Sage auch in Ihrem Land? Schreiben Sie sie bitte auf.

1 Direkte Frage und indirekte Frage → 2B5

1.1 Direkte Frage

a) im direkten Gespräch:

Der Interviewer
fragt Ulla und Knut:

> „ Wann habt **ihr** eigentlich geheiratet ? "
>
> „ Wo habt **ihr** damals gelebt ? "

Wortfrage

> „ Habt **ihr** gleich Kinder gewollt ? "
>
> „ Hat sich **euer** Leben durch
> die Geburt **eurer** Tochter verändert?"

Satzfrage

b) in einer anderen Gesprächssituation

Wir (die Kursteilneh-
mer und unsere Leh-
rerin) hören das In-
terview. Unsere Leh-
rerin fragt uns (die
Kursteilnehmer):

> „ Wann haben **Ulla und Knut** geheiratet ? "
>
> „ Wo haben **sie** damals gelebt ? "

Wortfrage

> „ Wollten **sie** gleich Kinder ? "
>
> „ Hat sich **ihr** Leben durch
> die Geburt **ihrer** Tochter verändert ? "

Satzfrage

1.2 Indirekte Frage

a) in der Wiedergabe eines Gesprächs

Der Interviewer fragt (Ulla und Knut),	**wann**	sie (Ulla und Knut)	geheiratet haben .
	wo	sie damals	gelebt haben .
Die Lehrerin fragt (die Kursteilnehmer) ,	**ob**	Ulla und Knut gleich Kinder	wollten .
	ob	sich ihr Leben durch die Geburt ihrer Tochter	verändert hat .

HAUPTSATZ	,	NEBENSATZ: INDIREKTE FRAGE .

Ü 1, 2

b) als Teil einer höflichen Frage/Bitte → 13B10

Wissen Sie (vielleicht) ,	**wann**	der Deutschkurs	beginnt ?
Könnten Sie mir sagen,	**wo**	Herr Neumann	arbeitet ?
	ob	Herr Wagner heute	kommt ?
Sagen Sie mir bitte ,	**wann und wo**	Sie	geboren sind .
Teilen Sie mir bitte rechtzeitig mit ,	**ob**	Sie mit dem Zug oder dem Flugzeug	kommen .

HAUPTSATZ: direkte Frage/Aufforderung	,	NEBENSATZ: INDIREKTE FRAGE

Ü 3

c) nach Substantiven

.... die Überlegung,	**wer**	berufstätig	sein sollte	, ...
	ob	sie Kinder	haben wollten	, ...
.... die Frage	, **wo**	Herr Neumann	arbeitet	, ...
	wann	der Deutschkurs	beginnt	, ...

SUBSTANTIV	, NEBENSATZ: INDIREKTE FRAGE	, ...

2 Sätze als Ergänzungen → 9B4.3

2.1 Sätze als Akkusativergänzung

Verb

Nominativergänzung		Akkusativergänzung
		Wen? oder **Was?**

① Ich denke/meine , ⎫   das war der Grund. **HS**
   Ich glaube/vermute, ⎭ **daß** das der Grund war. **NS**

② Der Interviewer möchte wissen , **welchen Beruf** sie damals hatten. **NS**
                                          ob sich ihr Leben verändert hat. **NS**

③ Knut und Ulla beschlossen : Wir versorgen Alina gemeinsam. **HS**
     Sie beschlossen , Alina gemeinsam **zu versorgen**. **NS**

Hauptsatz: ① ③
Nebensatz: ① **daß-Satz**
                   ② **Indirekter Fragesatz**
                   ③ **Infinitivsatz mit „zu"**

2.2 Sätze als Nominativergänzung

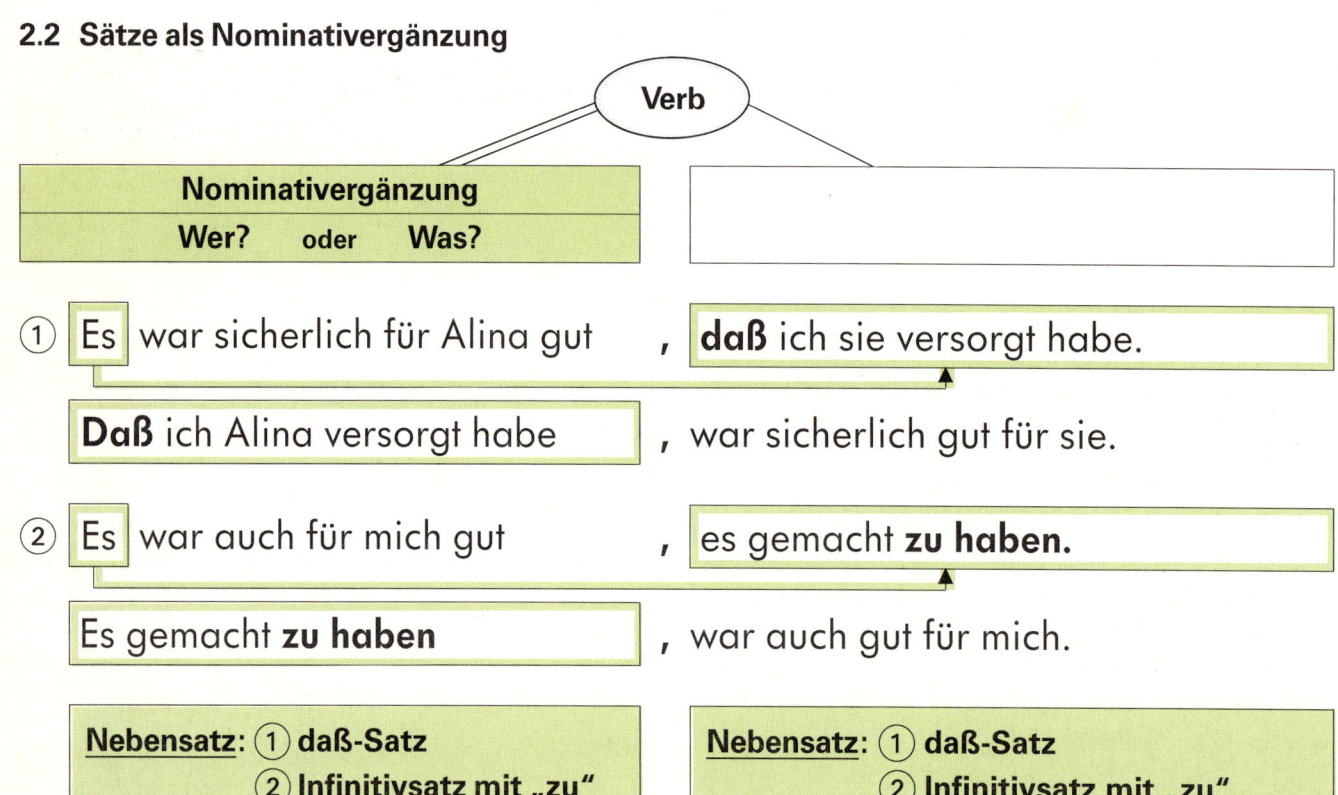

Verb

Nominativergänzung	
Wer? oder **Was?**	

① Es war sicherlich für Alina gut , **daß** ich sie versorgt habe.

     Daß ich Alina versorgt habe , war sicherlich gut für sie.

② Es war auch für mich gut , es gemacht **zu haben.**

     Es gemacht **zu haben** , war auch gut für mich.

Nebensatz: ① **daß-Satz**
                   ② **Infinitivsatz mit „zu"**

Nebensatz: ① **daß-Satz**
                   ② **Infinitivsatz mit „zu"**

2.3 Sätze als Präpositionalergänzung

Verb

Nominativ-ergänzung		Präpositionalergänzung
		Worauf? woran? worüber? womit? .....
① Wir	haben uns schnell **darauf** eingestellt,	**daß** alles anders sein wird.
② Ich	kann mich noch **(daran)** erinnern ,	**daß** wir darüber geredet haben. **wann** wir darüber geredet haben.
③ Wir	haben **darüber** geredet ,	**ob** sich unser Leben ändern wird. **wie** sich unser Leben ändern wird.
④ Ulla	fing danach wieder **(damit)** an ,	in ihrem Beruf **zu arbeiten**.
Ulla	fing danach wieder an	zu arbeiten.

Nebensatz: ① ② **daß-Satz**
② ③ **Indirekter Fragesatz**
④ **Infinitivsatz mit „zu"**

Ü 4–6

Ü 1 **Sie sind der Interviewer: Formulieren Sie die indirekte Frage als direkte Frage.**

Beispiel: Der Interviewer fragt, **wann Ulla und Knut sich kennengelernt haben.**
  „Wann habt ihr euch kennengelernt?"

Aufgaben:

1. ....., wie alt sie damals gewesen sind. 2. ....., wo sie damals gelebt haben. 3. ....., ob sie gleich eine gemeinsame Wohnung hatten. 4. ....., was sie damals studiert haben. 5. ....., warum sie in Wien geheiratet haben. 6. ....., ob sie gleich Kinder wollten. 7. ....., aus welchem Grund sie nicht sofort Kinder wollten. 8. ....., wie viele Jahre nach der Heirat ihr erstes Kind geboren worden ist. 9. ....., ob sich ihr Leben durch die Geburt ihrer Tochter verändert hat. 10. ....., in welcher Weise sich ihr Leben verändert hat. 11. ....., ob sie beide weiter berufstätig waren. 12. ....., wie Knut sich als „Hausmann" gefühlt hat

Ü2 Betrachten Sie das Bild und geben Sie die direkten Fragen als indirekte Fragen wieder.

Beispiel: „Ist ‚Lagerplatz' von Beuys ein Bild oder ein Objekt?"
Ich frage mich, / Ich weiß nicht, **ob ‚Lagerplatz' von Beuys ein Bild oder ein Objekt ist.**

Aufgaben: 1. Warum hat Beuys sein Werk ‚Lagerplatz' genannt? 2. Was stellt das Bild dar? 3. Was hängt da von der Decke herab? 4. Sind das Säcke oder Kleider? 5. Ist da links vorne eine Wurst? 6. Sind das ganz links lange Messer? 7. Ist das rechts ein Topf? 8. Was soll der Ballon in der Mitte darstellen? 9. Was für Dinge liegen links hinten? 10. Was wollte Beuys mit seinem Werk wohl ausdrücken? 11. Wann ist das Werk entstanden? 12. …

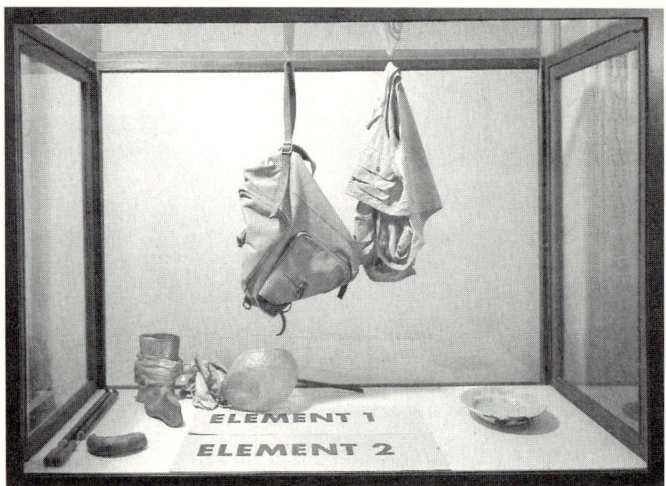

Ü3 Formulieren Sie „höfliche" Fragen.

Beispiel: „**Wie spät ist es?**" – „**Könnten Sie mir sagen, / Wissen Sie, wie spät es ist?**"

Aufgaben:
1. Wie komme ich zum Bahnhof? 2. Wo ist die nächste Bank? 3. Fährt dieser Bus in die City? 4. Was kostet die Fahrt zum Flughafen? 5. Wo ist die Tourist-Information? 6. Wo kann ich Geld wechseln? 7. Wie ist der Kurs der D-Mark? 8. Wo ist das Hotel „Europa"? 9. Sind im Hotel noch Zimmer frei? 10. Was kostet ein Zimmer mit Frühstück? 11. Wo kann ich mein Gepäck lassen? 12. Wie komme ich am schnellsten in die Innenstadt?

Ü4 Lesen Sie die Beispielsätze und bearbeiten Sie die folgenden Aufgaben:
  a) Bestimmen Sie die Art der Nebensätze.
  b) Welche Ergänzung des Verbs wird durch den Nebensatz / die Nebensätze ausgedrückt?

Beispiel:
a) man soll darauf achten, daß man nicht zu viel ißt.   *daß-Satz*
                     wieviel man ißt.   *indirekter Fragesatz*
                     nicht zu viel zu essen.   *Infinitivsatz mit "zu"*

b) *Präpositionalergänzung*

Aufgaben:
1. a) Es ärgert mich, daß ich zu spät gekommen bin.
                 zu spät gekommen zu sein.

   b) Ich habe mich (darüber) geärgert, daß ich zu spät gekommen bin.

2. Gestern haben wir (damit) angefangen, das Interview zu hören.

3. Ich nehme   an, daß du recht hast.

4. Sie hat   ihm geantwortet, daß sie einen anderen liebt.

5. Ich kann   nicht behalten, was ich nur einmal gelesen habe.   *Relativsatz*

6. Wir haben   beschlossen, in diesem Jahr nach Italien zu fahren.
                         daß wir in diesem Jahr nach Italien fahren.

7. Pedro hat uns (darum) gebeten, ihm zu helfen.
                         daß wir ihm helfen.

8. Wir möchten euch (dazu) einladen, mit uns Sabines Geburtstag zu feiern.

9. Der Arzt hat ___ mir empfohlen, nicht mehr zu rauchen.

10. Ich kann mich wirklich nicht mehr (daran) erinnern, wann ich nach Hause gekommen bin.
    was gestern passiert ist.

11. Morgen erzähle ich ___ dir, wie es im Urlaub war.
    was ich im Urlaub gemacht habe.,

12. Stell dir vor, er hat ___ mich gefragt, ob ich ihn heiraten will!

13. a) Es freut mich sehr, dich nach so langer Zeit wiederzusehen.
    daß es dir gut geht.

    b) Ich freue mich sehr (darüber), dich nach so langer Zeit wiederzusehen.
    daß es dir gut geht.

    c) Wir freuen uns schon darauf, nächstes Jahr eine Reise durch Europa zu machen.

14. Ich glaube ___, daß du recht hast.

15. Ich hoffe ___, morgen abend wieder hier zu sein.
    daß ich morgen abend wieder hier bin.

16. Es interessiert mich nicht, was du gesagt hast.
    wo du gestern abend gewesen bist.

17. Ich interessiere mich nicht dafür, was Herr X. verdient.

18. Ich habe ___ in der Zeitung gelesen, daß es Staus geben wird.
    wie das Wetter wird.

19. Frau von Kopra hat ___ nicht gemerkt, daß jemand ihre Kette gestohlen hat.

20. Der Minister rät (dazu), mit der Bahn in Urlaub zu fahren.

21. Der Meister sagt ___, daß er das Auto erst morgen reparieren kann.
    was die Reparatur ungefähr kosten wird.

22. Peter hat ___ mir geschrieben, wann er hier ankommt.
    daß er um 13.15 Uhr ankommt.

23. Ich habe ___ leider vergessen, dich gestern abend anzurufen.
    daß ich dich gestern abend anrufen wollte.
    was ich dir sagen wollte.
    wo wir uns treffen wollten.

24. a) Ich habe ___ nicht verstanden, was der Lehrer gesagt hat.

    b) Ich verstehe ___ nicht, warum du so nervös bist.
    daß du nicht zu rauchen aufhörst.

Ü5 Erfragen Sie die Ergänzung, die durch den Nebensatz / die Nebensätze in Ü4 ausgedrückt wird, und antworten Sie (Partnerarbeit).

Beispiel:

Worauf soll man achten? – Man soll darauf achten, | **daß man nicht zu viel ißt. / wieviel man ißt. / nicht zu viel zu essen.**

Ü6 Geben Sie andere Antworten auf die Fragen aus Ü5.

Beispiel:

Worauf soll man achten? – Man soll darauf achten, | **daß man nicht so viel trinkt. / wieviel man trinkt. / nicht zu viel zu trinken.**

**3 Verwandtschafts-
bezeichnungen**

Lebensdaten

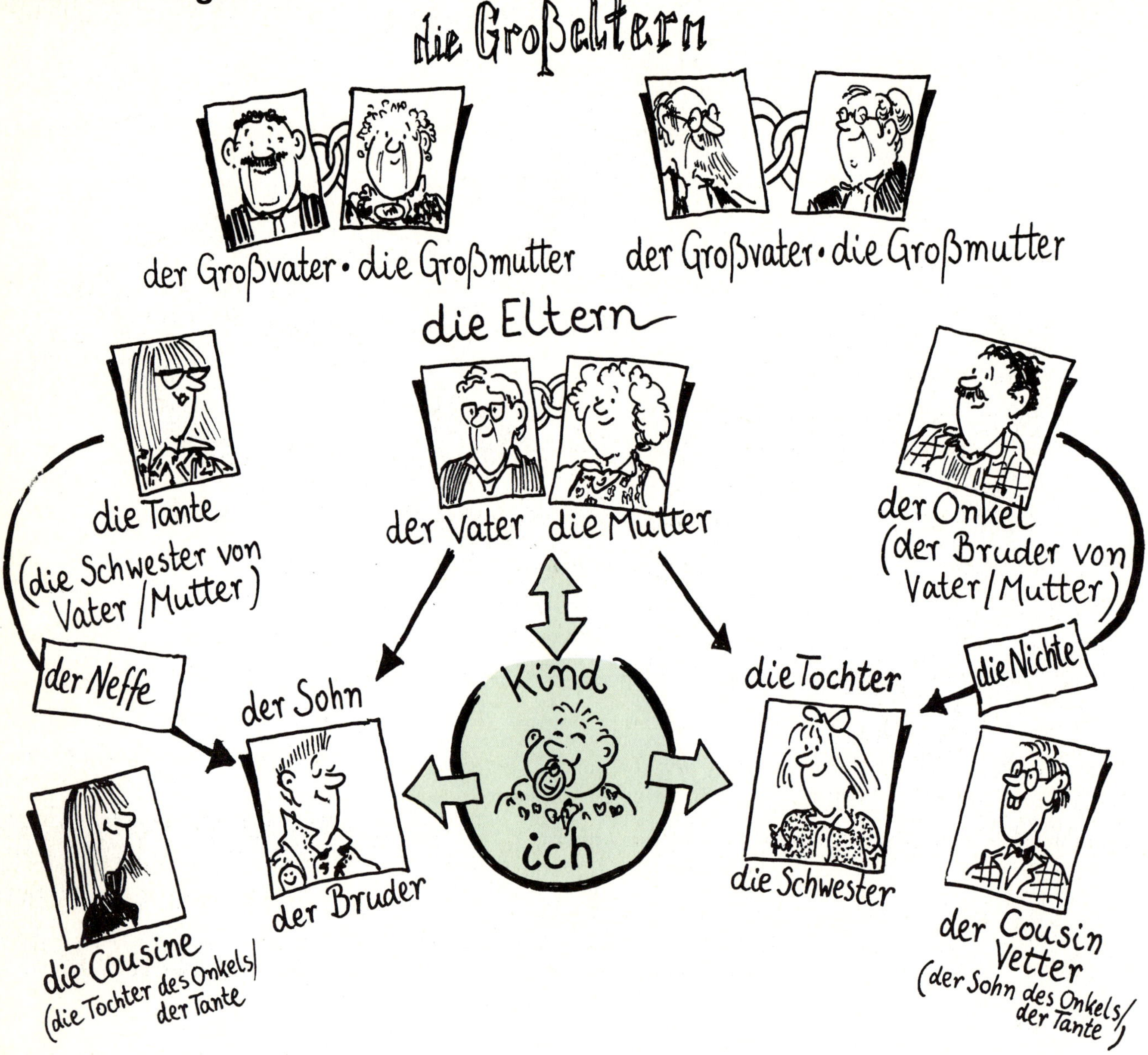

die Großeltern

der Großvater · die Großmutter   der Großvater · die Großmutter

die Eltern

die Tante
(die Schwester von
Vater/Mutter)

der Vater   die Mutter

der Onkel
(der Bruder von
Vater/Mutter)

der Neffe

der Sohn

Kind
ich

die Tochter

die Nichte

die Cousine
(die Tochter des Onkels/
der Tante)

der Bruder

die Schwester

der Cousin
Vetter
(der Sohn des Onkels/
der Tante)

Ü7   Wer ist das?

1. die Eltern meiner Eltern; 2. die Schwester meines
Vaters; 3. der Sohn meines Bruders; 4. der Bruder
meiner Mutter; 5. die Tochter meiner Schwester;
6. die Mutter meines Vaters

Ü8   Erklären Sie:

– Elternhaus, Muttersprache, Vaterland
– ledig sein, verheiratet sein, geschieden sein;
  verwandt sein

Ü9   Schreiben Sie persönliche Daten heraus:

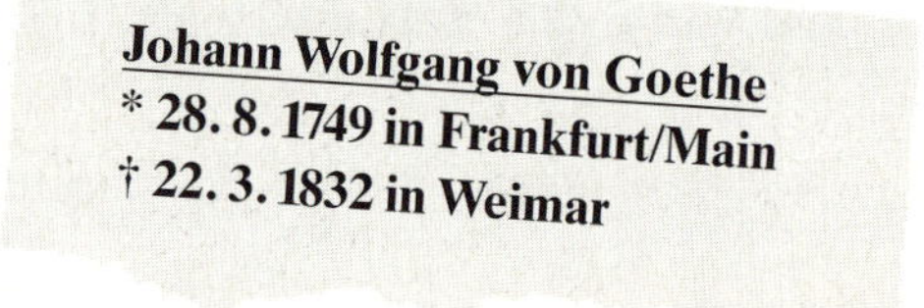

Johann Wolfgang von Goethe
* 28. 8. 1749 in Frankfurt/Main
† 22. 3. 1832 in Weimar

Geburtsdatum:
Geburtsort:
Jahrgang:
Todesjahr:
Todestag:

19 REISEN

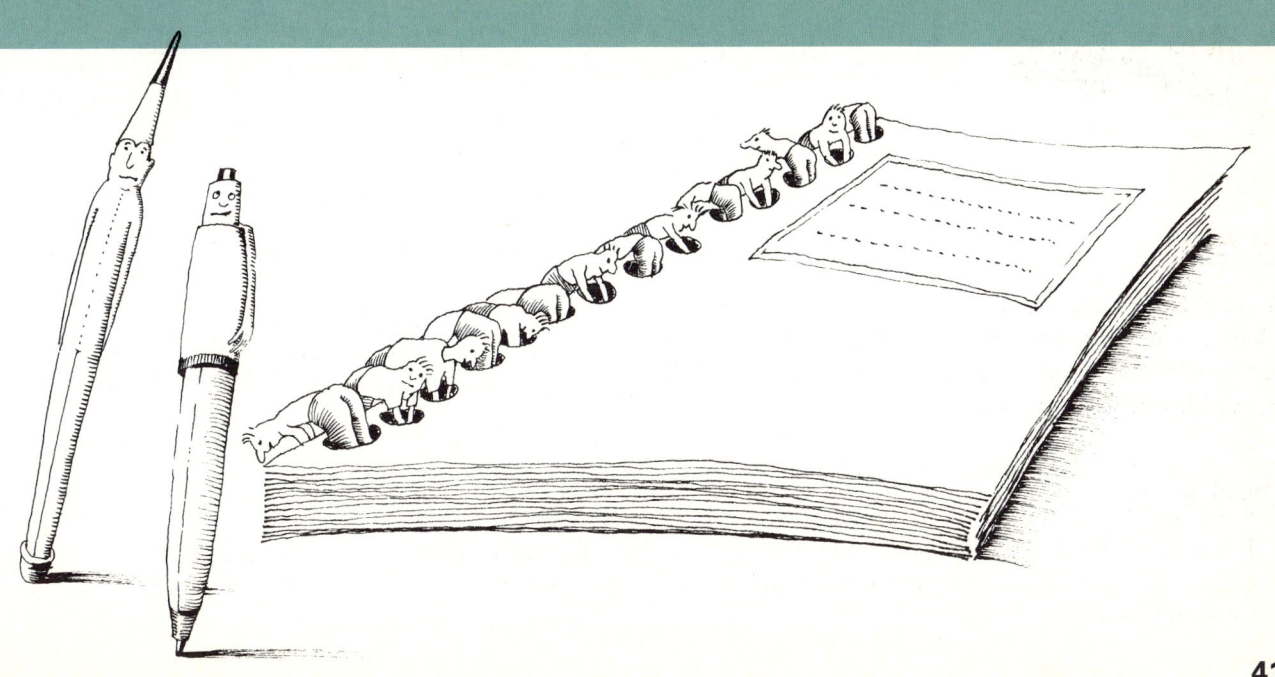

BILDUNG · AUSBILDUNG

19 A

1

JOSEPH VON EICHENDORFF (1788–1857) ist einer der bekanntesten Dichter der Romantik (erste Hälfte des 19. Jahrhunderts). Als Student machte er weite Wanderungen durch Deutschland und Österreich. Nach dem Studium nahm er an den Kriegen gegen Napoleon teil. Von 1816 bis 1844 war er preußischer Beamter. Eichendorff wurde vor allem als Lyriker berühmt. Viele seiner Gedichte und Lieder sind zu Volksliedern geworden. Eichendorffs bekannteste Erzählung ist „Aus dem Leben eines Taugenichts" (1826).

a So beginnt die Handlung:

Der „Taugenichts" ist ein junger Mann. Er wohnt bei seinem Vater, der Müller ist. Der Vater muß in der Mühle hart arbeiten, der Taugenichts aber hat keine Lust zu arbeiten.

Der Vater schimpft ihn wegen seiner Faulheit und sagt zu ihm: „Geh hinaus in die Welt und verdiene dir selbst dein Brot!"
Da nimmt der Taugenichts seine Geige, verabschiedet sich von seinen Freunden und Bekannten und wandert zum Dorf hinaus.

Ü 1 Hören Sie den Anfang dieser Erzählung als „Hörspiel" von der Cassette. Beantworten Sie dann folgende Fragen:
– Von welcher Jahreszeit ist die Rede?

– Ist der Taugenichts traurig, fröhlich, aggressiv, freundlich .....?
– Weggehen – zu Hause bleiben? Was will der Vater, was will der Sohn?

Ü 2 Lesen Sie jetzt den Originaltext.

AUS DEM LEBEN EINES TAUGENICHTS

Erstes Kapitel

Das Rad an meines Vaters Mühle brauste und rauschte schon wieder recht lustig, der Schnee tröpfelte emsig vom Dache, die Sperlinge zwitscherten und tummelten sich dazwischen; ich saß auf der Türschwelle und wischte mir den Schlaf aus den Augen; mir war so recht wohl in dem warmen Sonnenscheine. Da trat der Vater aus dem Hause; er hatte schon seit Tagesanbruch in der Mühle rumort und die Schlafmütze schief auf dem Kopfe, der sagte zu mir: „Du Taugenichts! Da sonnst du dich schon wieder und dehnst und reckst dir die Knochen müde und läßt mich alle Arbeit allein tun. Ich kann dich hier nicht länger füttern. Der Frühling ist vor der Tür, geh auch einmal hinaus in die Welt und erwirb dir selber dein Brot." „Nun", sagte ich, „wenn ich ein Taugenichts bin, so ist's gut, so will ich in die Welt gehn und mein Glück machen." Und eigentlich war mir das recht lieb, denn es war mir kurz vorher selber eingefallen, auf Reisen zu gehen, […] –

Ich ging also in das Haus hinein und holte meine Geige, die ich recht artig spielte, von der Wand, mein Vater gab mir noch einige Groschen Geld mit auf den Weg, und so schlenderte ich durch das lange Dorf hinaus. Ich hatte recht meine heimliche Freude, als ich da alle meine alten Bekannten und Kameraden rechts und links, wie gestern und vorgestern und immerdar, zur Arbeit hinausziehen, graben und pflügen sah, während ich so in die freie Welt hinausstrich. Ich rief den armen Leuten nach allen Seiten recht stolz und zufrieden „Adjes" zu, aber es kümmerte sich eben keiner sehr darum. Mir war es wie ein ewiger Sonntag im Gemüte. Und als ich endlich ins freie Feld hinauskam, da nahm ich meine liebe Geige vor und spielte und sang, auf der Landstraße fortgehend:

„Wem Gott will rechte Gunst erweisen,
Den schickt er in die weite Welt,
Dem will er seine Wunder weisen
In Berg und Wald und Strom und Feld.

---

8 *rumoren:* laut etwas suchen und arbeiten; 14 *erwirb dir selber dein Brot:* verdiene selbst Geld; 20 *die Geige:* die Violine; *artig spielen:* gut spielen; 21 *Groschen:* kleine Geldmünzen; 27 *hinausstreichen:* hinauswandern; 29 *Adjes:* Adieu!, Auf Wiedersehen! 31 *das Gemüt:* die Seele, das Gefühl, das Herz; 34 *rechte Gunst erweisen:* eine große Freude machen; 36 *weisen:* zeigen

---

Ü3 **Fragen zum Text:**

– **Was für ein Mensch ist der Taugenichts? Suchen Sie im Text die Wörter, die ihn charakterisieren (Eigenschaften, Verhalten, Handlungen), und beschreiben Sie ihn dann.**

– **Wie fängt die Geschichte an (Z. 1–6)? In welchen Schritten entwickelt sie sich (Z. 6–14 / Z. 14–33)?**

Ü4 **Was meinen Sie: Wie geht solch eine „romantische Erzählung" weiter? Sehen Sie sich dazu die folgende Zeichnung an:**

b

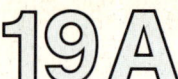

Ü5 Hören Sie, wie die Geschichte weitergeht; lesen Sie dann den Text und beantworten Sie folgende Fragen:

– Wie viele Leute treten auf? Wer spricht mit wem?
– Ist das Gespräch zwischen den Leuten freundlich oder unfreundlich?
– Wohin will der Taugenichts fahren?

Indem, wie ich mich so umsehe, kömmt ein köstlicher Reisewagen ganz nahe an mich heran, der mochte wohl schon einige Zeit hinter mir drein gefahren sein, ohne daß ich es merkte, weil mein Herz so voller
5 Klang war, denn es ging ganz langsam, und zwei vornehme Damen steckten die Köpfe aus dem Wagen und hörten mir zu. Die eine war besonders schön und jünger als die andere, aber eigentlich gefielen sie mir alle beide. Als ich nun aufhörte zu singen, ließ die
10 ältere stillhalten und redete mich holdselig an: „Ei, lustiger Gesell, Er weiß ja recht hübsche Lieder zu singen." Ich nicht zu faul dagegen: „Euer Gnaden aufzuwarten, wüßt' ich noch viel schönere." Darauf fragte sie mich wieder: „Wohin wandert Er denn schon so am frühen Morgen?" Da schämte ich mich, 15 daß ich das selber nicht wußte, und sagte dreist: „Nach Wien"; nun sprachen beide miteinander in einer fremden Sprache, die ich nicht verstand. Die jüngere schüttelte einigemal mit dem Kopfe, die andere lachte aber in einem fort und rief mir endlich 20 zu: „Spring Er nur hinten mit auf, wir fahren auch nach Wien." Wer war froher als ich! Ich machte eine Reverenz und war mit einem Sprunge hinter dem Wagen, der Kutscher knallte und wir flogen über die glänzende Straße fort, daß mir der Wind am Hute 25 pfiff.

1 *köstlich:* kostbar, teuer; 6 *vornehme Damen:* elegante Frauen (aus der Aristokratie); 9 *ließ … still halten:* ließ die Kutsche anhalten; 10 *holdselig:* sehr freundlich, reizend; 11 *Gesell:* junger Mann; *Er weiß …:* Sie können …; 12 *Ich nicht zu faul dagegen:* Ich antwortete spontan; *Euer Gnaden:* sehr höfliche altmodische Anrede; 13 *aufwarten:* dienen, eine Freude machen; 23 *Reverenz:* Verbeugung; 24 *wir flogen fort:* wir fuhren schnell dahin

Ü6 – Was passiert in diesem Abschnitt?
Was macht der Taugenichts am Anfang, was macht er am Ende?
– Charakterisieren Sie die beiden Damen: Wie sehen sie aus?

Was zeigt, daß sie „vornehm" sind?
Wie benehmen sie sich?
– In welcher Stimmung ist der Taugenichts?
Geben Sie zu Ihren Beobachtungen Belege aus dem Text.

c **Das passiert weiter in der Erzählung:**

Der „Taugenichts" fährt mit nach Wien und arbeitet dort bei der Gräfin als Gärtner. Er verliebt sich in die jüngere der beiden Damen, die er für ein „edles Fräulein" hält, die in Wirklichkeit aber die – nicht-adelige – Begleiterin der Gräfin ist. Da er als einfacher Mann meint, sie nicht heiraten zu können, geht er wieder auf Reisen, kommt nach Italien und kehrt schließlich nach vielen Abenteuern wieder nach Wien zurück. Dort entdeckt er, daß das geliebte Fräulein keine Gräfin, sondern die Tochter des Pförtners ist.

Ü7 Betrachten Sie dieses Bild, bevor Sie den Schluß der Erzählung lesen:

– Lesen Sie nun das Happy-End der romantischen Geschichte:

„Ich bin ja gar keine Gräfin", fuhr sie fort, „unsere gnädige Gräfin hat mich nur zu sich aufs Schloß genommen, da mich mein Onkel, der Portier, als kleines Kind und arme Waise mit hierherbrachte."

5 Nun war's mir doch nicht anders, als wenn mir ein Stein vom Herzen fiele! „Gott segne den Portier", versetzte ich ganz entzückt, „daß er unser Onkel ist! Ich habe immer große Stücke auf ihn gehalten." – „Er meint es auch gut mit dir", erwiderte sie, „wenn du

10 dich nur etwas vornehmer hieltest, sagt er immer. Du mußt dich jetzt auch eleganter kleiden." – „Oh", rief ich voller Freuden, „englischer Frack, Strohhut und Pumphosen und Sporen! Und gleich nach der Trauung reisen wir fort nach Italien, nach Rom, da gehen die schönen Wasserkünste, und nehmen die Prager 15 Studenten mit und den Portier!" – Sie lächelte still und sah mich recht vergnügt und freundlich an, und von fern schallte immerfort die Musik herüber, und Leuchtkugeln flogen vom Schloß durch die stille Nacht über die Gärten, und die Donau rauschte 20 dazwischen herauf – und es war alles, alles gut!

3 *der Portier:* Pförtner, Hausverwalter; 4 *die Waise:* ein Kind, dessen Eltern gestorben sind; 7 *versetzte ich:* antwortete ich; *entzückt:* glücklich, erfreut; 8 *große Stücke auf ihn gehalten:* ihn tüchtig und gut gefunden; 10 *vornehmer hieltest:* vornehmer wärest; 13 *die Pumphose:* Kniehose; *Sporen:* ; *die Trauung:* die Hochzeit; 14 *da gehen die Wasserkünste:* da gibt es Fontänen; 19 *Leuchtkugeln:*

Ein Gedicht von Eichendorff 2

Das zerbrochene Ringlein

In einem kühlen Grunde,
Da geht ein Mühlenrad,
Mein' Liebste ist verschwunden,
5 Die dort gewohnet hat.

Sie hat mir Treu versprochen,
Gab mir ein'n Ring dabei,
Sie hat die Treu gebrochen,
Mein Ringlein sprang entzwei.

10 Ich möcht' als Spielmann reisen
Weit in die Welt hinaus
Und singen meine Weisen
Und gehn von Haus zu Haus.

Ich möcht' als Reiter fliegen
15 Wohl in die blut'ge Schlacht,
Um stille Feuer liegen
Im Feld bei dunkler Nacht.

Hör' ich das Mühlrad gehen:
Ich weiß nicht, was ich will –
20 Ich möcht' am liebsten sterben,
Da wär's auf einmal still!

Karl Friedrich Schinkel: *Das Felsentor*, 1818

Ü 8 Hören Sie dazu die Liedfassung des Gedichts von der Cassette. Sie können das Lied auch lernen und selbst singen.

1 *Das zerbrochene Ringlein:*
2 *in einem kühlen Grunde:* im tiefen Tal eines Baches/Flusses
3 *da geht:* da dreht sich
9 *sprang entzwei:* zerbrach
10 *Spielmann:* Musikant
12 *Weisen:* Lieder
17 *Im Feld:* im Krieg, an der Front

3 *TÜLIN EMIRCAN, * 1961, Türkin; in der Bundesrepublik aufgewachsen, Studium der Germanistik*

10 *Anforderungen:* Aufgaben, Schwierigkeiten
16 *betrügen:* nicht die Wahrheit sagen
17 *zum Narren halten:* betrügen
20 *überhören:* nicht hören wollen
21 *streben:* (hier) suchen
22 *als ob du dahinstürbest:* als ob du langsam sterben würdest
25 *den Blick senken:* zu Boden schauen

TÜLIN EMIRCAN
Entfremdung

Ich weiß, daß Du nicht schläfst. Ich höre Dich in Deinem Zimmer auf und ab gehen. Du bist verzweifelt, verzweifelt und müde. Dennoch findest Du keinen Schlaf. Du bist nicht mehr derselbe. Ich erinnere mich noch an Dein übermütiges Lachen, als wir aus dem Zuge stiegen. Du warst gespannt auf Deutschland. Deine Begeisterung war uns, die wir uns fürchteten, willkommen. Wir hatten Angst, Angst vor der Sprache und Angst vor den Menschen. Du hast nur über uns gelacht. 5
Die Anforderungen, die der Sprachkurs stellte, waren nicht hoch. Und doch hast Du Tag und Nacht gearbeitet. Du meintest, daß es endlich an der Zeit sei, den ,Taugenichts' auf deutsch zu lesen. Als ich Dich kennenlernte, lag das Buch 10 schon auf Deinem Nachttisch. Auch Dich zog es hinaus in die Fremde, fort von Deines Vaters Mühle.
Deine Bücher waren es, die Dich betrogen haben. Sogar Eichendorff hat Dich zum Narren gehalten. Daß Deutschland in Dir einen Fremden sehen würde, daran hattest Du nicht 15 gedacht. Die Menschen haben sich von Dir abgewendet. Auch Dein Lachen haben sie überhört. Vom Leben wollen sie nichts mehr wissen, sie haben aufgehört, nach Schönheit zu streben. Dir war, als ob Du mit jedem Tag dahinstürbest. 20 Du fuhrst zurück in die Heimat, und trotzdem war uns beiden nicht wohl dabei. Wir hatten uns nicht geirrt. Zwei Wochen später standest Du an der Tür. Du hattest beschämt den Blick gesenkt. Als ich Dich bat, mich anzusehen, sagtest Du nur: 25
„Lieber Fremder in der Fremde als Fremder im eigenen Land."

Ü9 **Tülin Emircan erzählt von einem Kreislauf von Hoffnung und Enttäuschung.**

– Suchen Sie bitte für die einzelnen Abschnitte (Z. 1–3; Z. 4–13; Z. 13–15; Z. 16–22; Z. 23–27) passende Stichwörter und tragen Sie sie in die Grafik ein.
– Fassen Sie die einzelnen Abschnitte (mit Hilfe der Stichwörter) mit Ihren eigenen Worten zusammen.

Ü10 Interpretation der Geschichte

– Warum wird im ersten Teil der Geschichte Eichendorffs „Taugenichts" zitiert (Z. 11–15)?
– Was bedeutet der Satz „Deine Bücher waren es, die dich betrogen haben" (Z. 16)?
Welchen Unterschied gibt es zwischen der ,Welt der Bücher' und der Realität?
– „Auch dich zog es hinaus in die Fremde" (Z. 14): Welche Folgen hat das Weggehen von zu Hause für die Person (= Du) gehabt?

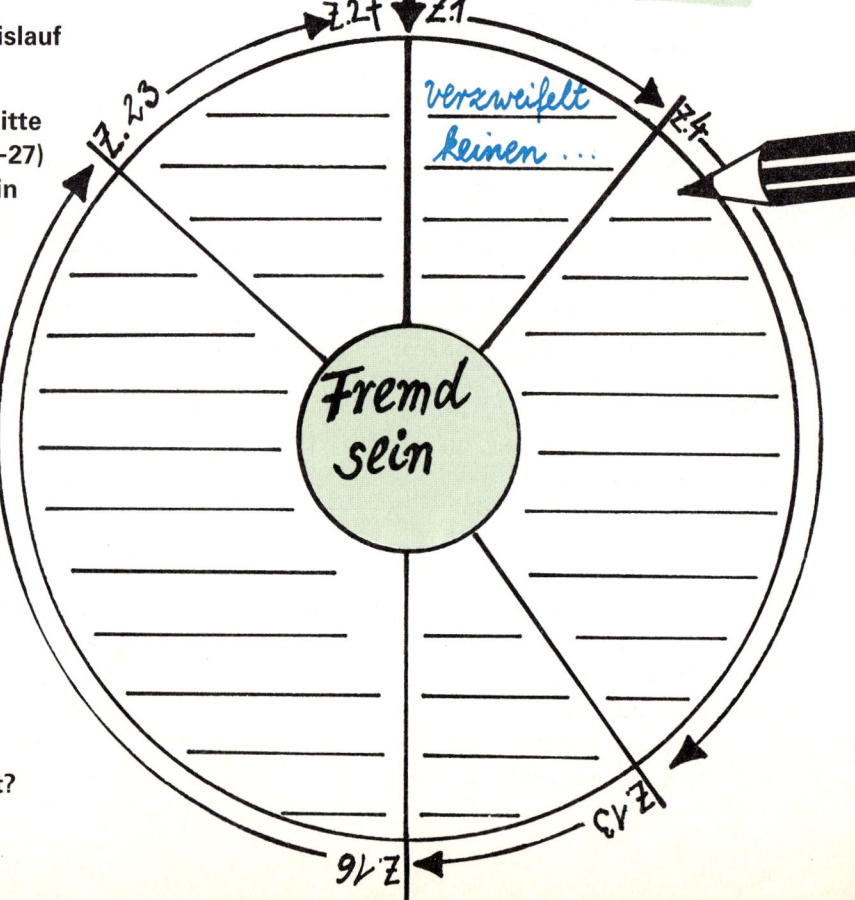

Lernen – wozu?

4

Bertolt Brecht

Mein junger Sohn fragt mich: Soll ich Mathematik lernen?
Wozu, möchte ich sagen. Daß zwei Stück Brot mehr sind als eines
Das wirst du auch so merken.
Mein junger Sohn fragt mich: Soll ich Französisch lernen?
5 Wozu, möchte ich sagen. Dieses Reich geht unter. Und
Reibe du nur mit der Hand den Bauch und stöhne
Und man wird dich schon verstehen.
Mein junger Sohn fragt mich: Soll ich Geschichte lernen?
Wozu, möchte ich sagen. Lerne du deinen Kopf in die Erde stecken
10 Da wirst du vielleicht übrigbleiben.

Ja, lerne Mathematik, sage ich
Lerne Französisch, lerne Geschichte!

(Aus dem Zyklus „1940", Nr. VI)

5 *Dieses Reich:* Frankreich; 9 *deinen Kopf in die Erde stecken:* nichts hören, sehen und wissen wollen; sich verstecken

Ü 11
- Welche drei Antworten möchte der Vater seinem Sohn eigentlich geben?
- Welche (einzige) Antwort gibt er ihm auf seine Fragen wirklich?
- Warum gibt der Vater seinem Sohn wohl nur diese Antwort?
- Welche Antwort würden Sie Ihrem Sohn / Ihrer Tochter heute geben?

BERTOLT BRECHT: einige Daten aus seinem Lebenslauf

1898 in Augsburg geboren
1919 Sohn Frank geboren, der 1943 als deutscher Soldat in der Sowjet-
union fiel
1924 Sohn Stefan geboren
1933–1947 im Exil: 1933 Prag, Wien, Schweiz, Dänemark; 1939 Schwe-
den; 1940 Finnland; 1941 über Moskau in die USA (Santa Monica,
Kalifornien)
1947 über Zürich nach Ost-Berlin
1956 in Ost-Berlin gestorben

Ü 12
- Wie heißt der Zyklus (= Reihe von Texten, die zusammengehören), zu dem dieses Brecht-Gedicht gehört?
- Wo lebte Brecht zu der Zeit, über die das Gedicht spricht?
  Warum lebte er wohl dort?
- Was hat das Gedicht mit diesem Wohnort und mit Deutschland zu tun?
- Drückt das Gedicht eher Resignation oder Hoffnung / Mut aus?
- Was soll der Sohn / der Leser lernen?

FOTO: REGINE KÖRNER

Anouschka, 17 Jahre, Schülerin einer 12. Klasse in einem Münchner Gymnasium

»ICH PAUKE UND VERGESSE«

Was wir angeblich fürs Leben lernen – irgendwelche Formeln oder auf welchen Zinnen Polykrates stand –,
5 das schreibe ich in ein Heft, pauke es und vergeß' es wieder. Was wirklich Leben ist, dar-über wird im Unterricht nicht gesprochen. Kein Wort über
10 Nukem oder Tschernobyl. Zwei Wochen haben wir im Sozialkundeunterricht

besprochen, wie das politische System in der Bundesrepublik
15 funktioniert, mit den Wah-len und so. Das war's. Man muß sich das mal vorstellen: In unserem Sozialkundebuch ist keine Statistik jünger als
20 10 Jahre. Natürlich liegt es am Lehrer, sich um Zusatz-material zu kümmern. Aber das machen nicht viele.
  Das aktuellste Thema, über
25 das wir zur Zeit sprechen, ist Brechts »Baal«. Die Lehrer sind im Druck, die müssen den Lehrplan schaffen. Da steht, zwei Dramen, das
30 ziehen sie durch, da ist keine Zeit für Diskussionen.
  Der Leistungsdruck ist jetzt in der 12. nicht mehr so schlimm. Aber die 11. Klasse
35 war arg. In jedem Fach Kurzarbeiten und jede Menge »Exen«, unangemeldete Prüfungen. Drei Jahre habe ich mich mit Latein abgepaukt,
40 jetzt habe ich's abgegeben. Da fragst du dich schon, warum sollst du dich anstrengen, wenn du es überhaupt nicht gebrauchen kannst. [...]
45   Die Lehrer sollten über-haupt viel mehr lernen, wie sie uns den Stoff vermitteln können. Da gibt's welche, die lesen den ganzen Unterricht
50 nur vom Blatt ab. Die beherr-schen ihr eigenes Fach nicht. Wenn du Fragen stellst, gehen sie überhaupt nicht darauf ein.

55   Ich hatte einmal eine Apfelsaftflasche vor mir auf dem Tisch. Der Lehrer hat fürchterlich losgebrüllt, richtig beleidigend. So ein Desinter-
60 esse hätte er noch nie erlebt, und ich soll sofort die Schule verlassen. Da hat mir keiner geholfen, die Klassensprecher-in hat sich versteckt.
65   Unsere Klassengemein-schaft? Es gibt viel Grüppchen-wirtschaft. Fies ist, wenn auf einzelnen jahrelang rumgehackt wird, und die Lehrer
70 machen auch noch mit.
  Meine Eltern setzen mich nicht unter Druck. Aber ich weiß von vielen meiner Mitschüler, daß sie Angst vor
75 jeder Note haben. Viele kriegen schon Ärger, wenn sie eine Drei bekommen haben. Ich habe eine Freundin, da kann ich anrufen, wann ich will, immer
80 hör' ich von hinten ihre Mutter: »Du mußt Hausaufgaben machen.« Die Mutter redet wirklich nur davon. Meine Freundin darf nur einmal
85 in der Woche abends weg. Und sie ist 18.
  Trotzdem, insgesamt finde ich die Schule ganz gut. Aber ich freue mich darauf,
90 wenn ich später mal richtig frei habe am Wochenende, wenn dies schlechte Gewissen weg ist, du mußt doch noch was tun, du mußt noch lernen.

4 *auf welchen Zinnen Poly-krates stand:* „Ring des Po-lykrates", Ge-dicht von Schiller

10 *Nukem:* viel kri-tisierte Atomfabrik in Hanau bei Frankfurt/M.

28 *den Lehrplan schaffen:* den geplanten Stoff unter-richten

49 *vom Blatt able-sen:* vorlesen

86 *sie ist 18:* Mit 18 Jahren ist man in der Bundes-republik voll-jährig (erwach-sen): Man kann selbst entschei-den, was man tun will.

Noten von + → –

1 = sehr gut
2 = gut
3 = befriedigend
4 = ausreichend
5 = mangelhaft
6 = ungenügend

Ü 13 Fragen zum Text:

– Worüber sollte im Unterricht gesprochen werden?
– Wodurch unterscheiden sich 11. und 12. Klasse?
– Wie sollten Lehrer unterrichten? Wie nicht?
– Wie findet Anouschka die Schule insgesamt?

Ü 14 Wie ist *Ihre* Meinung?

– „Ich pauke und vergesse" – wie beurteilen Sie Ihre eigene Schulzeit?
– Finden Sie das Thema Atom-kraft (wie Tschernobyl und Nu-kem) wichtig für die Schule? Warum? / Warum nicht?

Ü 15 Bitte machen Sie Notizen zum Text:

	Verhalten der	Klassengemeinschaft	Eltern
Anouschkas Erfahrungen			
Erfahrungen von Mitschü-ler(inne)n			

B1–5

Nach ihrer Schulzeit studieren viele Jugendliche, z. B. an einer Hochschule oder Universität. Die meisten aber gehen ins Arbeitsleben und erhalten dort ihre Berufsausbildung in den verschiedensten Berufen. Wenn sie damit fertig sind, wird es oft schwierig: Ist wirklich ein Platz auf dem Arbeitsmarkt für sie vorhanden? Oder müssen sie nun doch etwas anderes machen?
Wie die Chancen in der Bundesrepublik stehen, zeigt folgende Statistik:

① **Prozentzahl (%) der *Mädchen*, die im erlernten Beruf arbeiten können**

② **Prozentzahl (%) der *Jungen*, die im erlernten Beruf arbeiten können**

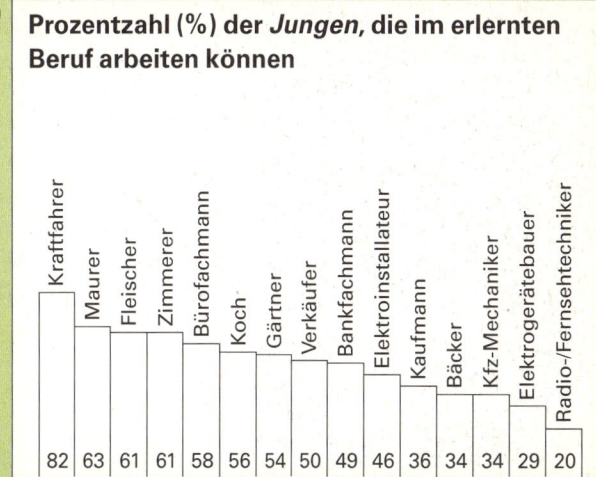

Ü 16 **Vergleichen Sie:**

– **26 % der Mädchen, die Buch-händlerin lernen, werden auch wirklich Buchhändlerin. 20 % der Jungen, die . . . . .**
– **Welche Berufe bieten für Mäd-chen/Jungen *gute* Chancen, welche *schlechte*?**
– **Ist das in Ihrem Land anders?**

Ü 17 **Prüfen Sie mit einem Wörterbuch, ob es die fol-genden Berufsbezeich-nungen gibt:**

Bäckerin, Buchhändler, Maure-rin, Hotelfachmann, Bankfach-frau, Postbote, Radiotechnikerin, Schneider, Bürofachfrau, Sprechstundenhelfer

Ü 18 **Sammeln Sie Berufe:**

-frau -mann	-(er)in -in	-kraft -mann

③

WELCHE BERUFE SIND FÜR JUNGE LEUTE BESONDERS ATTRAKTIV?

Von 1000 *Jungen mit Hauptschulabschluß* wollen 86 Elektroin-stallateur, 77 Kfz-Mechaniker und 58 Industriekaufmann wer-
5 den. Der unbeliebteste Beruf ist der des Kochs.

Mädchen mit Hauptschulabschluß interessieren sich beson-ders für die Berufe Verkäuferin (156 von 1000), Bürofachkraft (144) und Arzthelferin (91).

Die Wunschliste der *Gymnasiasten* sieht ganz anders aus:
10 Von 1000, die nicht studieren wollen, haben 368 Interesse an Berufen wie Bankkaufmann/Industriekaufmann (202) und Groß-/Außenhandelskaufmann (114).

Studienwünsche bei *jungen Männern* sind: Ingenieur (300), Recht/Wirtschaft/Soziales (270), Naturwissenschaften (170).
15 *Junge Frauen* studieren vor allem die Fächer Sprache/Kultur (330), Recht/Wirtschaft/Soziales (270) und Naturwissenschaf-ten (130). Nur sehr wenige Abiturienten machen ein Sportstu-dium.

Ü 19 **Was wollen die jungen Leute werden?**

a) mit Hauptschulabschluß

Jungen	Mädchen
1.	....
2.	....
3.	....

– **Sind das Berufe mit guten Chancen?**

b) Welche Berufe sind attraktiv, wenn man Abitur hat?

männlich	weiblich
1.	....
2.	....
3.	....

c) Besonders beliebte Studienfächer

Studenten	Studentinnen
1.	....
2.	....
3.	....

7

Interview mit der Buchhändlerin und Studentin Anne G.

Anne (23) studiert in München Französisch, Spanisch, Neuere Deutsche Literatur und Vergleichende Literaturwissenschaft. Sie hat die ersten zehn Jahre ihres Lebens in Frankreich verbracht, aber ihre Muttersprache ist Italienisch. Im Alter von zwölf ist sie mit ihren Eltern nach München gekommen, wo sie nach ihrem Abitur zunächst gejobbt hat. Danach war sie in einem Pariser Verlag tätig. Anschließend hat sie in München eine Lehre als Buchhändlerin gemacht. Nach Abschluß der zweijährigen Ausbildung hat sie ihr Studium in München begonnen.

Anne denkt, daß sie gute Chancen hat, ihr Berufsziel zu erreichen: Redakteurin in einem Verlag. Und zwar wegen ihrer Fremdsprachenkenntnisse, ihrer Berufsausbildung und ihrer Berufserfahrung. Was ihr dazu noch fehlt, ist ein abgeschlossenes Hochschulstudium.

Ü20 **Hören Sie das Interview und machen Sie Notizen zu folgenden Punkten:**

- Gründe für das Spanisch-, Französisch- und Literaturwissenschaftsstudium
- Staatsangehörigkeit, Geburtsort und Muttersprache
- Gymnasium und Abitur
- Sprachkenntnisse

- Annes Urteil über naturwissenschaftliche Fächer
- Vorbereitung auf das Berufsziel a) vor dem Studium, b) während des Studiums
- Finanzierung des Studiums
- Annes Einschätzung ihrer Berufschancen

Dokumente aus Schule und Berufsausbildung

①

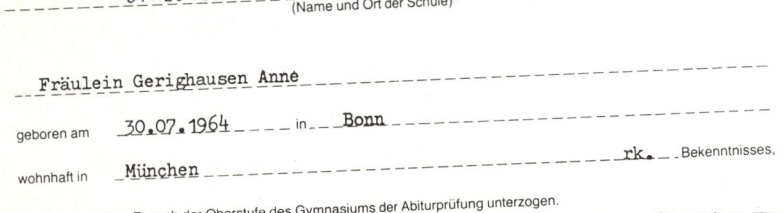

ZEUGNIS DER ALLGEMEINEN HOCHSCHULREIFE

STAEDTISCHES WILLI-GRAF-GYMNASIUM MUENCHEN
(Name und Ort der Schule)

Fräulein Gerighausen Anne

geboren am 30.07.1964 in Bonn

wohnhaft in München _____ rk. Bekenntnisses,

hat sich nach dem Besuch der Oberstufe des Gymnasiums der Abiturprüfung unterzogen.

Ü21 **Bitte lesen Sie die Texte ① bis ④ und beantworten Sie diese Fragen:**

1. An welcher Schule hat Anne das Abitur gemacht?
2. In welchen Fächern hat sie eine Abiturprüfung abgelegt?
3. Welche Gesamtnote hat sie im Abitur bekommen?

3. Abiturprüfung (einschließlich der Ergebnisse des letzten Ausbildungsabschnitts)

Prüfungsfach	Ergebnis im Ausbildungs-abschnitt 13/2	Prüfungsergebnisse schriftlich	mündlich	Gesamt-punktzahl *) im Prüfungsfach
Französisch	12	13	--	64
Sozialkunde/Geschichte *	11	19	--	49
Biologie	09	10	--	49
Kunsterziehung	10	--	11	54

Punktsumme der Abiturprüfung — 216

Punktzahl der Gesamtqualifikation — 646

Durchschnittsnote — 2,0 | zwei , null

(in Worten)

50

4. **Mit welcher Firma hat Anne ihren Berufsausbildungsvertrag geschlossen?**
5. **In welchem Beruf ist Anne ausgebildet worden?**
6. **Wieviel Mark mehr hat Anne im 2. Ausbildungsjahr bekommen?**
7. **Von welcher Institution stammt Zeugnis ③, von welcher Zeugnis ④?**

② Dokument: Berufsausbildungsvertrag

INDUSTRIE- UND HANDELSKAMMER FÜR MÜNCHEN UND OBERBAYERN
MAX-JOSEPH-STRASSE 2 · 8000 MÜNCHEN 2
Postanschrift: Postfach, 8000 München 34

Berufsausbildungsvertrag
(§§ 3, 4 Berufsbildungsgesetz - BBiG)

Wird von der Kammer ausgefüllt!
Dieser Vertrag ist in das Verzeichnis der Berufsausbildungsverhältnisse eingetragen

(Siegel)

19. DEZ. 1984
Datum

Zwischen dem Ausbildungsbetrieb (Ausbildender)

Chr. Kaiser
Buchhandlung
Marienplatz 8
Straße und Hausnummer oder Postfach

8000 Muenchen 2
Postleitzahl   Ort

Ident-Nr. der Ausbildungsstätte eintragen!

| 5 | 5 | 3 | 6 | 4 | 8 | 6 | 0 | 5 | 0 | 0 | 0 |

und dem Auszubildenden

Gerighausen, Anne

Schleißheimer Str. 214
Straße und Hausnummer
8000 München 40
Postleitzahl   Ort

geb. am   30.7.64   in: Bonn

gesetzlich
vertreten   (Vater bzw. Vormund)
durch ¹)
(Mutter)

Straße und Hausnummer

Postleitzahl   Ort

Änderungen des wesentlichen Vertragsinhaltes sind unverzüglich zur Eintragung in das Verzeichnis der Berufsausbildungsverhältnisse bei der Industrie- und Handelskammer anzuzeigen.

wird nachstehender Vertrag zur Ausbildung im Ausbildungsberuf

Buchhändlerin / Sortiment

nach Maßgabe der Ausbildungsordnung ²) geschlossen:

A. Die Ausbildungszeit (§ 1) beträgt nach der Ausbildungsordnung drei Jahre.

E. Der Ausbildende zahlt dem Auszubildenden eine ange-
messene Vergütung (§ 5), sie beträgt z. Z. monatlich

DM 677.-- brutto im ersten Ausbildungsjahr
DM 730.-- brutto im zweiten Ausbildungsjahr
DM 800.-- brutto im dritten Ausbildungsjahr
DM _____ brutto im vierten Ausbildungsjahr
Soweit Vergütungen tariflich geregelt sind, gelten mindestens
die tariflichen Sätze.

③ Dokument: Prüfungszeugnis

PRÜFUNGSZEUGNIS
NACH § 34 BERUFSBILDUNGSGESETZ

ANNE
GERIGHAUSEN

geb. am   30-07-1964

in   BONN

hat die Abschlußprüfung im Ausbildungsberuf

BUCHHAENDLERIN
SORTIMENT

bestanden.

München, 06-02-1987

Prüfungsergebnis:

BUCHHANDELSBETRIEBSLEHRE
NOTE BEFRIEDIGEND   PUNKTE 78

RECHNUNGSWESEN UND
DATENVERARBEITUNG
NOTE AUSREICHEND   PUNKTE 64

WIRTSCHAFTS- UND SOZIALKUNDE
NOTE BEFRIEDIGEND   PUNKTE 76

PRAKTISCHE UEBUNGEN
NOTE GUT   PUNKTE 82

...HANDELSKAMMER

8. **Welche Fächer finden Sie sowohl im Zeugnis ③ als auch im Zeugnis ④?**
9. **Vergleichen Sie die Noten in diesen Fächern.**

④ Dokument: Abschlußzeugnis

Städtisches Berufsbildungszentrum für Industrie, Finanz- und Verkehrswirtschaft – München 2 – Luisenstraße 29
Berufsschule für Grundstücks- und Wohnungswirtschaft,
Reiseverkehr, Steuer, Werbung und Buchhandel

Abschlußzeugnis

Gerighausen   Anne

geboren am   30. Juli 1964   in   Bonn

hat im Schuljahr 19 86 /87 die Klasse Bh 3 A,
Fachklasse für Buchhändler besucht und sich der Abschlußprüfung der Berufsschule unterzogen.

Leistungen in Pflichtfächern

Religionslehre (_____) / Ethik	
Sozialkunde	gut
Deutsch	sehr gut
Sport	
Allgemeine Wirtschaftslehre	gut
Rechnungswesen / Datenverarbeitung	befriedigend
Buchhandelsbetriebslehre	

Ü22 **In welchen Berufen hat Anne aufgrund ihrer Zeugnisse wohl gute Chancen? Vergleichen Sie dazu auch 19A6.**

8 Wie in der Schweiz und in Österreich gehören auch in der Bundesrepublik Deutschland die Volkshochschulen zu den wichtigsten Institutionen der Erwachsenenbildung. Jeder Jugendliche und Erwachsene kann an Kursen, Seminaren, Arbeitskreisen, Vorträgen, Filmveranstaltungen, Studienreisen, Bildungsurlauben usw. teilnehmen.

Jede größere Stadt hat eine eigene Volkshochschule (VHS). Kreisvolkshochschulen sind oft für mehrere kleine Städte und Dörfer zusammen eingerichtet.

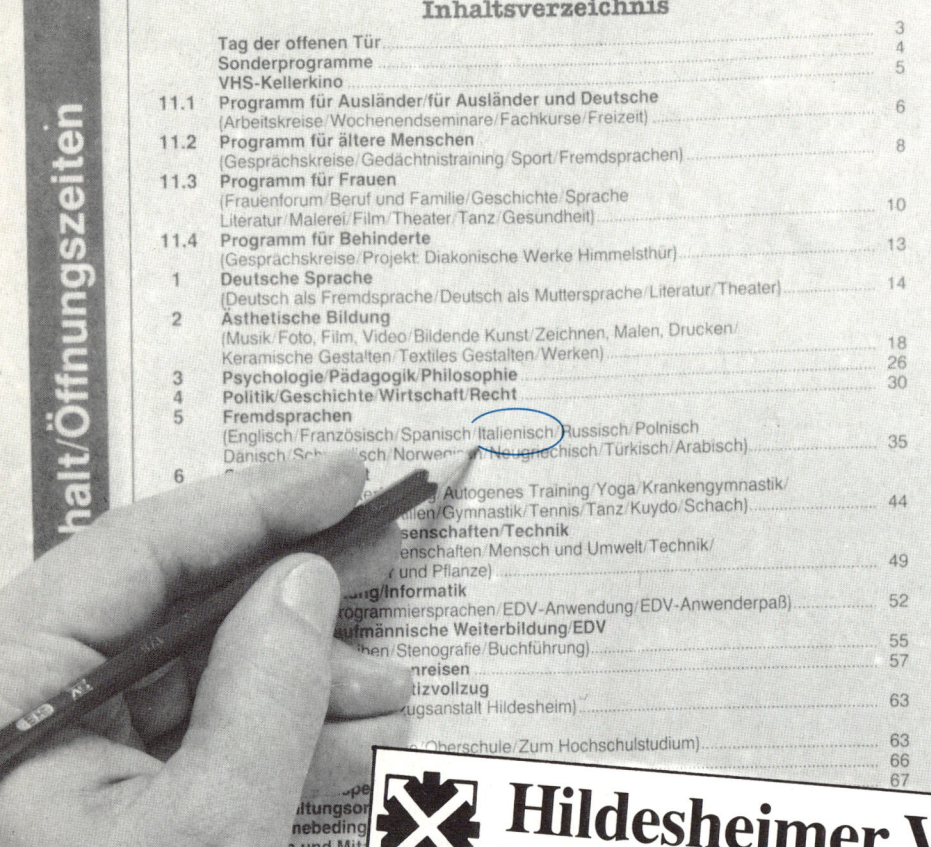

Inhalt/Öffnungszeiten

✳ Hildesheimer Volkshochschule
Wollenweberstraße 68   Telefon 3 70 41/42
e. V.

Ü23 Prüfen Sie das Programm der VHS Hildesheim (mittelgroße Stadt bei Hannover):

– Welche Zielgruppen – z. B. „ältere Menschen" – werden angesprochen?

– Welche Fachrichtungen – z. B. „Sprachen" – werden angeboten?

– Was würde Sie persönlich interessieren?

Italienisch

Grundstufe

Italienisch I,1 »am Tage«   5.411

Dozentin: Giuseppina Keil
Ab 27. Januar 1988, wöchentlich mittwochs, 8.30 bis 10.45 Uhr, ca. 15 Vormittage. — Gebühr: DM 99,--. Tennisclub, Mendelsonstr. 2.
Dieser Kurs für Anfänger ohne Vorkenntnisse gibt eine Einführung in die italienische Sprache. Neben Hör- und Leseverständnis werden vorrangig Sprechfertigkeit und Wendungen der Alltagssprache behandelt und geübt.

Italienisch I,1   5.412

Dozent: Leonardo Civale
Ab 8. Februar 1988, wöchentlich montags und mittwochs, 20.00 bis 21.30 Uhr, ca. 30 Abende. — Gebühr: DM 132,--. FLS, Raum 111.
Parallelkurs zu Kurs-Nr. 5.411

Italienisch I,1   5.413

Dozent: Michele Lodeserto
Ab 25. Januar 1988, wöchentlich montags und donnerstags, 20.00 bis 21.30 Uhr, ca. 30 Abende. — Gebühr: 132,--. FLS, Raum 212.
Parallelkurs zu Kurs-Nr. 5.411

Ü24 Hören Sie ein Interview mit Teilnehmerinnen und dem Leiter eines Italienischkurses.

a) Notieren Sie, warum sieben Teilnehmerinnen gerade diese Sprache lernen wollen:

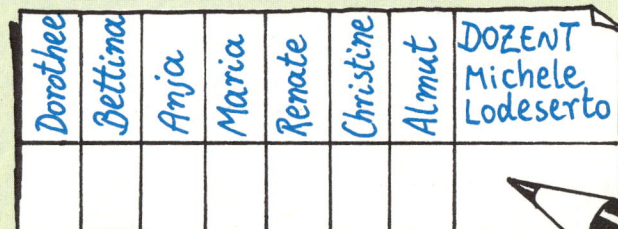

Dorothee	Bettina	Anja	Maria	Renate	Christine	Almut	DOZENT Michele Lodeserto

Vergleichen Sie die Argumente und diskutieren Sie.

b) An der VHS Hildesheim gibt es 19 Italienischkurse. Dozent Michele Lodeserto antwortet auf die Frage, ob Italienisch gerade Mode sei und ob ihm seine Arbeit Spaß mache. Notieren Sie bitte.

① Bei Versuchen mit Neugeborenen kam Dr. Clementis aus London zu folgender Erkenntis:

② Dem Türenschlagen und ähnlichen Geräuschen schenken die Sprößlinge keinerlei Beachtung.

③ Gänzlich anders verhalten sie sich jedoch, wenn ihnen Platten mit klassischer Musik vorgespielt werden.

④ Vivaldi und Mozart bereiten den Babys besonderes Vergnügen.

⑤ Vor allem die Flötentöne – dabei lächeln sie.

① *kam ... zu folgender Erkenntnis:* erkannte, fand heraus; ② *keinerlei Beachtung schenken:* absolut nicht achten auf ..., nicht zuhören; ④ *bereiten den Babys ... Vergnügen:* machen den Babys Freude

Ü25 – Sind diese fünf Sätze ein Text? Prüfen Sie mit Hilfe der Textdefinition in 17A5. Wenn ja: Versuchen Sie, eine Überschrift zu finden.

– Kann man die fünf Sätze in der Reihenfolge vertauschen?
– Können die einzelnen Sätze allein (ohne Kontext) stehen?

Bei Versuchen mit Neugeborenen kam Dr. Clementis aus London zu folgender Erkenntnis: Dem Türenschlagen und ähnlichen Geräuschen schenken die Sprößlinge keinerlei Beachtung. Gänzlich anders verhalten sie sich jedoch, wenn ihnen Platten mit klassischer Musik vorgespielt werden. Vivaldi und Mozart bereiten den Babys besonderes Vergnügen. Vor allem die Flötentöne – dabei lächeln sie.

Ü26 – Was bedeuten diese verschiedenen Pfeile im Text? Worauf weisen sie hin?

– „Gänzlich anders" – an dieser Stelle wird der Text in zwei Hälften geteilt. Was steht oben, was unten? In welcher Beziehung stehen die beiden Abschnitte zueinander?

Ü27 – „Platten mit klassischer Musik" ➞ „Vivaldi und Mozart" ➞ „Flötentöne": Erklären Sie diese Reihenfolge.

– „Vor allem die Flötentöne – dabei lächeln sie." oder „Sie lächeln vor allem bei den Flötentönen." Wie unterscheiden sich diese beiden Sätze? Lesen Sie sie einmal laut!

1

○ Mein Gepäck ist nicht mitgekommen. Ich vermisse meinen Koffer.
● Wo haben Sie das Gepäck aufgegeben?
○ In Ankara.
● Also Ankara via Frankfurt nach Hannover. Darf ich mal Ihren Flugschein sehen? –
War die Maschine pünktlich in Frankfurt?
○ Nein, etwa 50 Minuten verspätet.
● Dann war die Zeit zum Umladen zu knapp.
○ Und was mach' ich jetzt?
● Der Koffer kommt mit der nächsten Maschine aus Frankfurt.
○ So lange kann ich nicht warten!
● Geben Sie mir bitte Ihre Adresse. Das Gepäck wird Ihnen gebracht.
Können Sie mir den Koffer beschreiben?
○ Ein grüner Lederkoffer mit schwarzen Riemen und Rädern zum Rollen;
den erkennt man sofort.

Ü 1   – **Wie ist der Passagier geflogen (Hinflug und Rückflug)?**

– **Haben Sie schon einmal etwas Ähnliches erlebt? Bitte erzählen Sie.**

– **Hatten Sie auch schon mal Angst, daß ein anderer Passagier Ihren Koffer nehmen könnte? Bitte beschreiben Sie die Situation.**

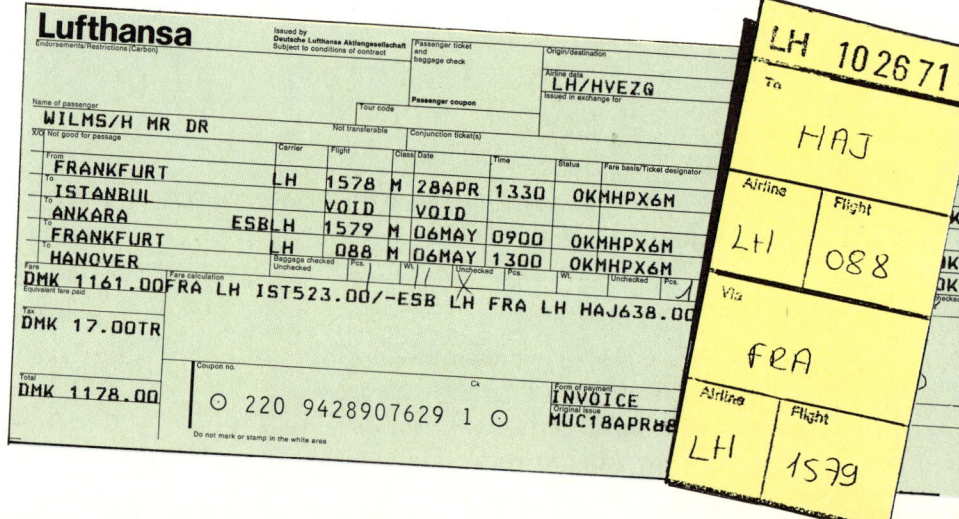

①

○ Zum Bahnhof, bitte!

● Gerne, steigen Sie ein!

②

○ Nanu, das Taxi ist ja besetzt!?

● Wieso, sitzen Sie nicht gut?

○ Das schon – aber – hören Sie: Ich zahle nur die Hälfte!

● Ich bringe Sie zum Bahnhof, und das müssen Sie bezahlen.

○ Aber die Kinder fahren ja auch zum Bahnhof – dann müssen sie auch bezahlen!

● Die Kinder wollen gar nicht zum Bahnhof.

○ Wohin wollt ihr denn?

■ Wir fahren mit dir!

○ .....

Ü2 – **Wie finden Sie diese Situation?**

– **Wer hat Ihrer Meinung nach recht?**

– **Was würden Sie als Fahrgast tun?**

– **Unterhalten Sie sich gerne mit Taxifahrern? (Worüber?)**

1 Stellung der Satzglieder: Vorfeld – Mittelfeld (–Nachfeld)

	VORFELD		MITTELFELD		(NACHFELD)
① **Modal- + Vollverb:**	Hier	dürfen	Sie nicht	parken.	
② **Passiv:**	Wie lange	werden	die Kartoffeln	gekocht?	
③ **Perfekt:**	Um 8 Uhr	ist	er	aufgestanden.	
④ **Plusquamperfekt:**	Von wem	hatte	Antek das Besenbinden	gelernt?	
⑤ **Futur:**	Morgen	werden	sie uns	besuchen.	
⑥ **Nebensatz:**	Er meint,	daß	Neumanns in Urlaub	sind.	

1. Klammerteil **2. Klammerteil**

2 Satzglieder im Vorfeld

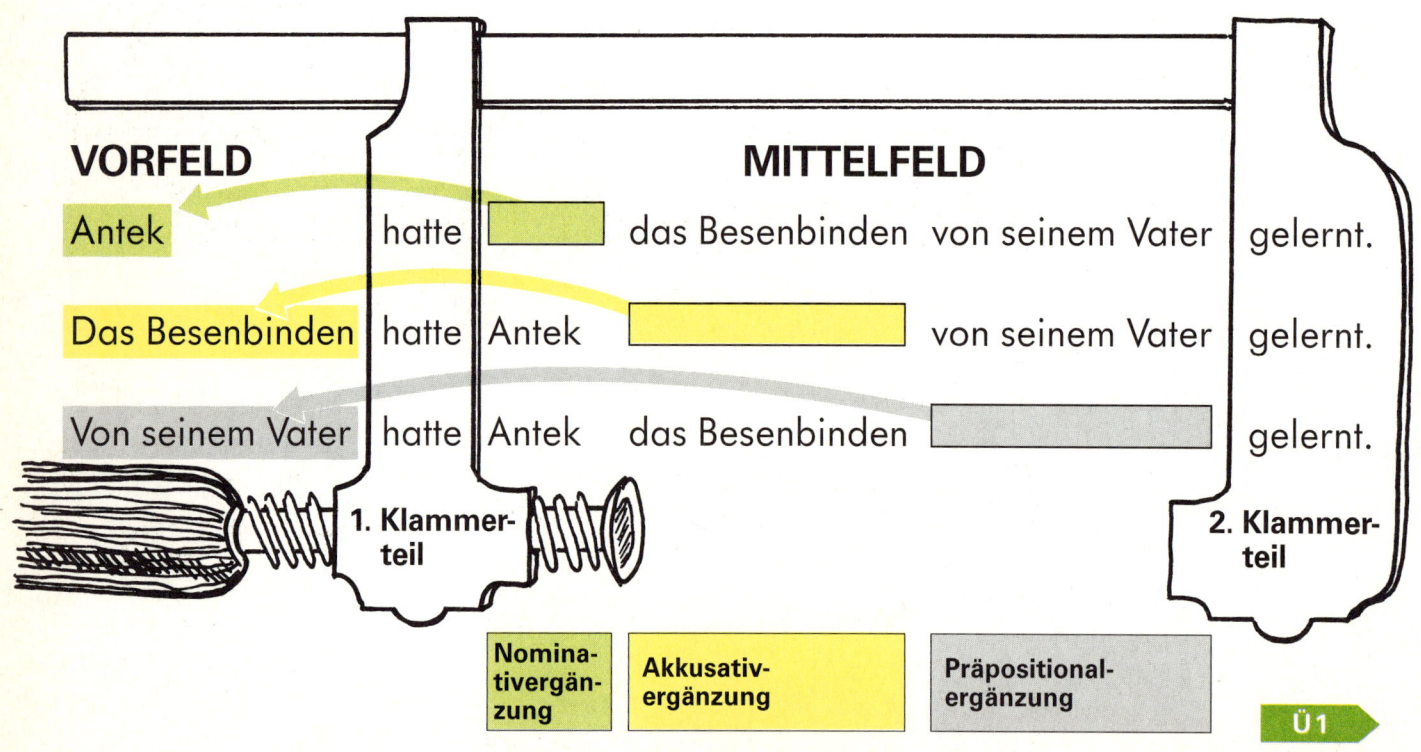

VORFELD			MITTELFELD		
Antek	hatte		das Besenbinden	von seinem Vater	gelernt.
Das Besenbinden	hatte	Antek		von seinem Vater	gelernt.
Von seinem Vater	hatte	Antek	das Besenbinden		gelernt.

1. Klammerteil **2. Klammerteil**

Nominativergänzung Akkusativergänzung Präpositionalergänzung

Ü1

Satzglieder im Mittelfeld (mit Tendenz nach links/rechts)

3

3.1 **MITTELFELD**

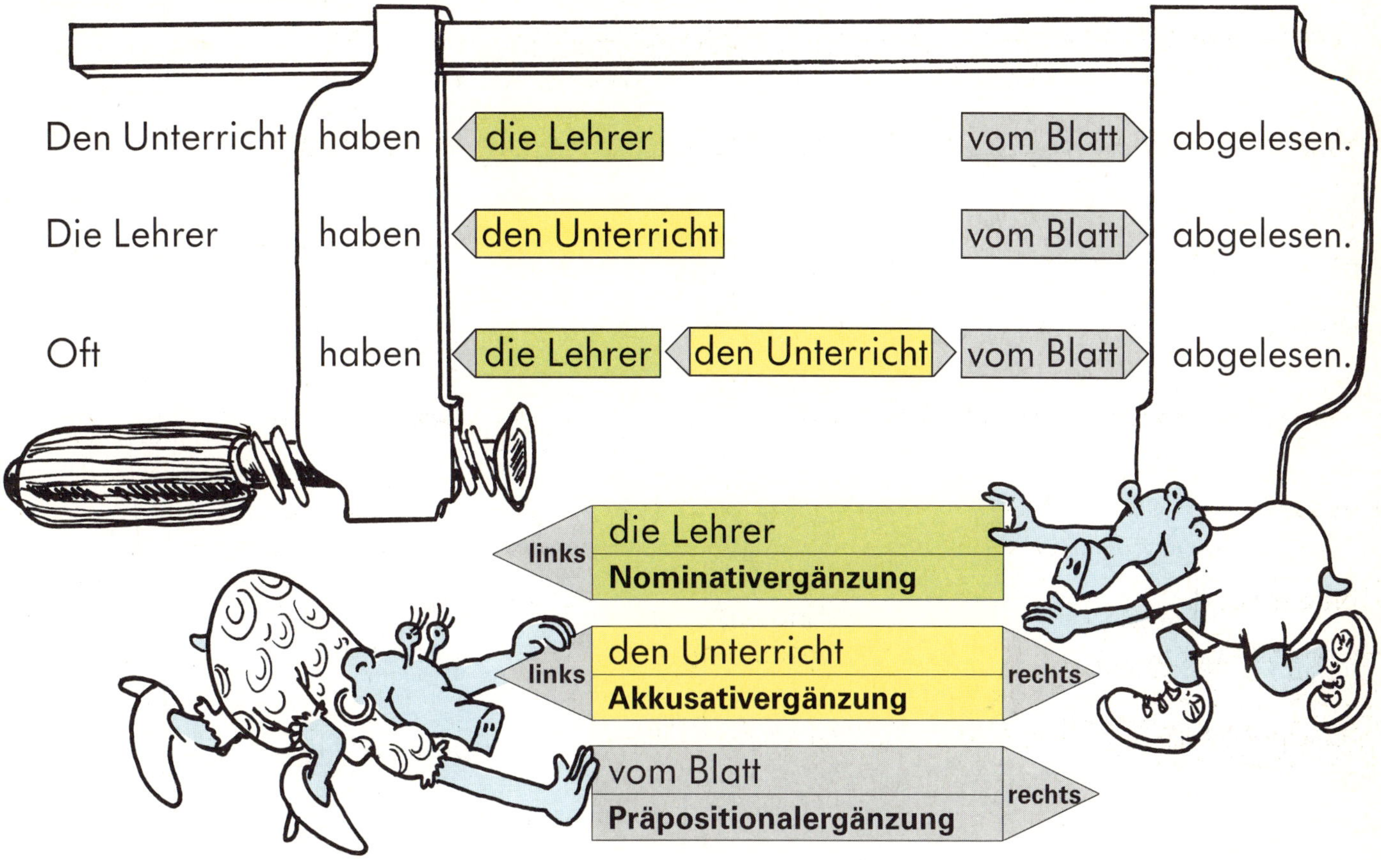

Den Unterricht	haben	die Lehrer		vom Blatt	abgelesen.
Die Lehrer	haben	den Unterricht		vom Blatt	abgelesen.
Oft	haben	die Lehrer	den Unterricht	vom Blatt	abgelesen.

links	die Lehrer **Nominativergänzung**	
links	den Unterricht **Akkusativergänzung**	rechts
	vom Blatt **Präpositionalergänzung**	rechts

3.2 **MITTELFELD**

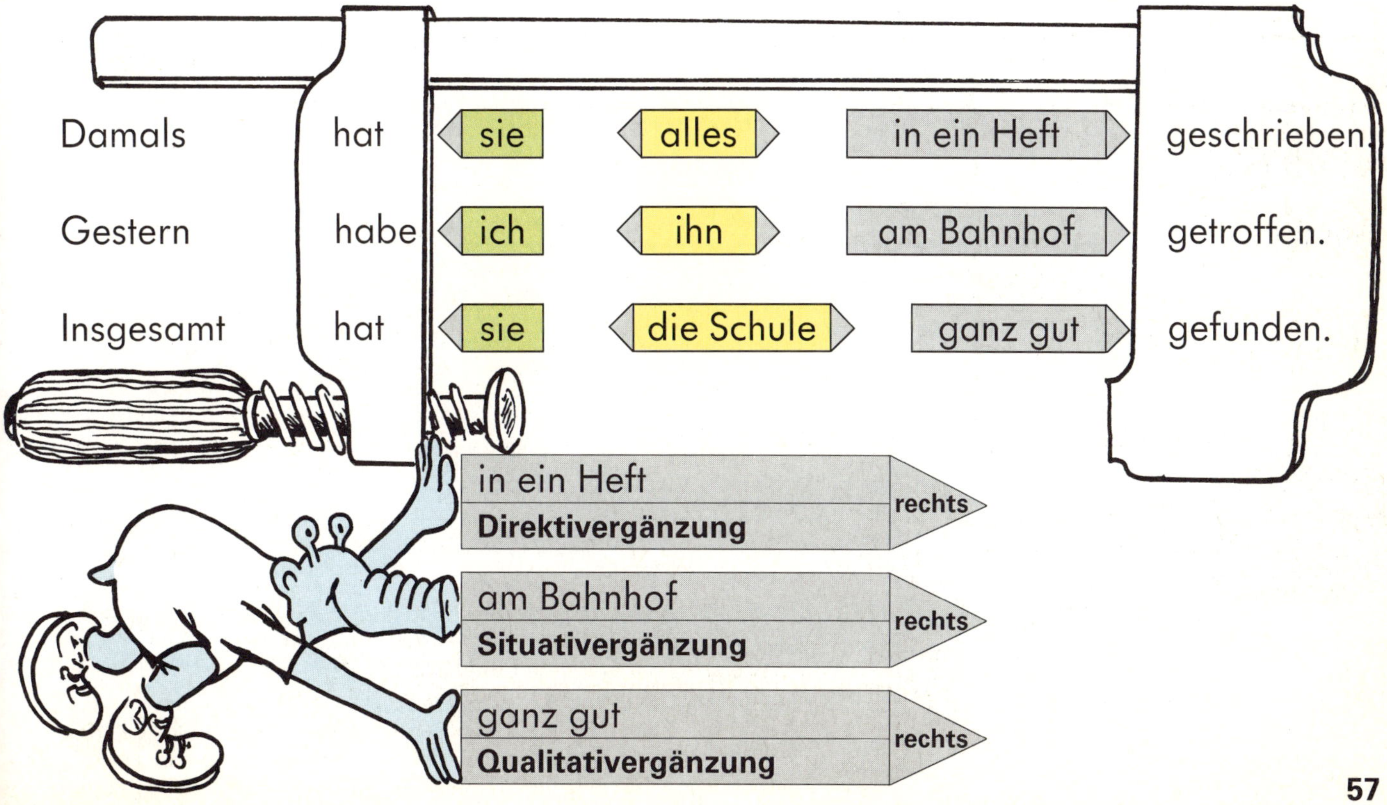

Damals	hat	sie	alles	in ein Heft	geschrieben.
Gestern	habe	ich	ihn	am Bahnhof	getroffen.
Insgesamt	hat	sie	die Schule	ganz gut	gefunden.

in ein Heft **Direktivergänzung**	rechts
am Bahnhof **Situativergänzung**	rechts
ganz gut **Qualitativergänzung**	rechts

3.3

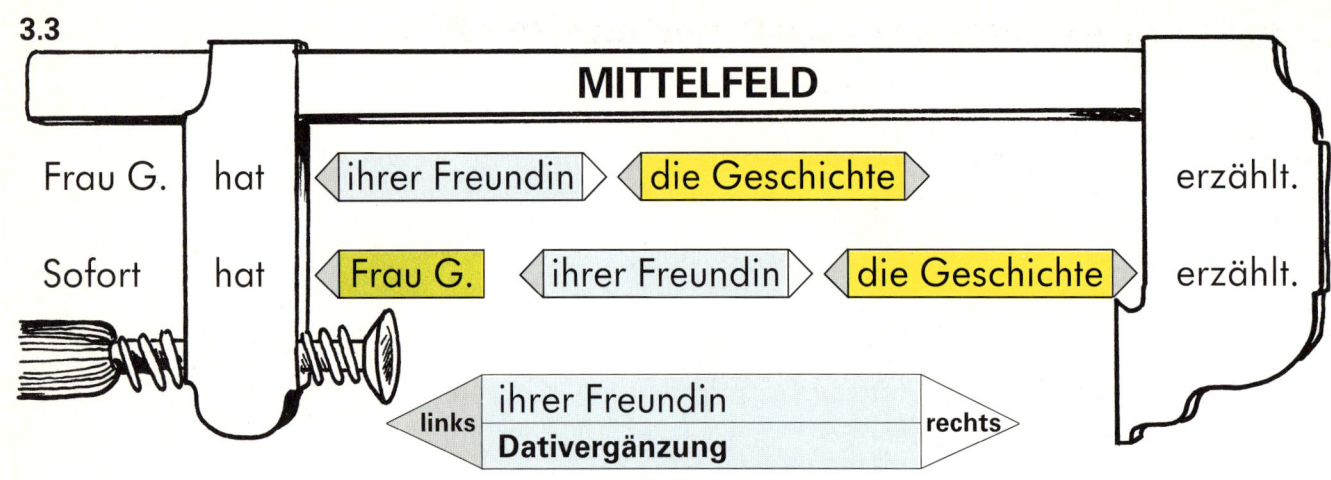

MITTELFELD

Frau G.	hat	ihrer Freundin	die Geschichte		erzählt.
Sofort	hat	Frau G.	ihrer Freundin	die Geschichte	erzählt.

links — **ihrer Freundin** / Dativergänzung — rechts

3.4 Zusammenfassung: Ergänzungen im Mittelfeld

MITTELFELD

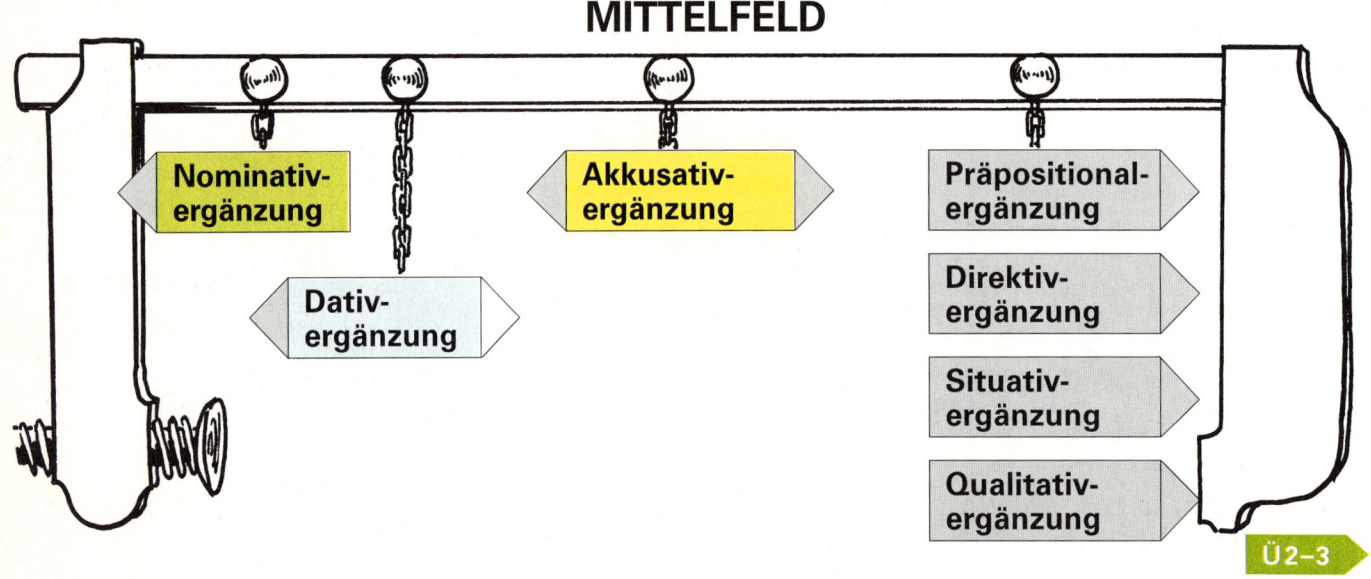

- Nominativergänzung
- Dativergänzung
- Akkusativergänzung
- Präpositionalergänzung
- Direktivergänzung
- Situativergänzung
- Qualitativergänzung

Ü2–3

4 Dativergänzung und Akkusativergänzung im Mittelfeld

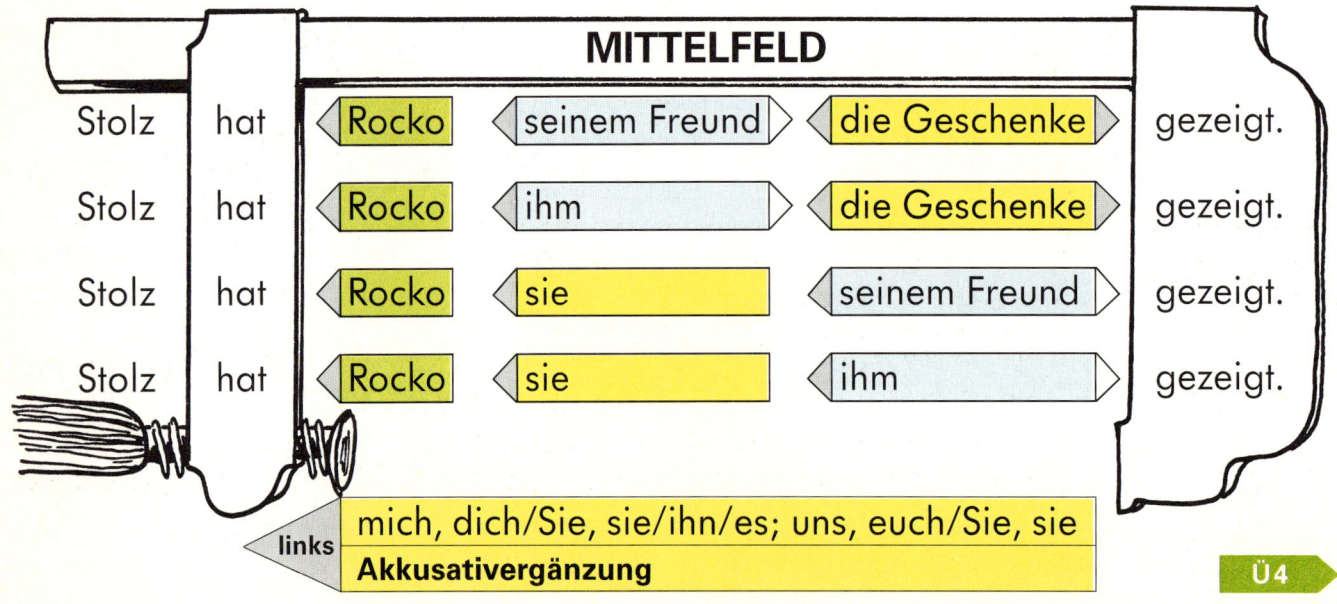

MITTELFELD

Stolz	hat	Rocko	seinem Freund	die Geschenke	gezeigt.
Stolz	hat	Rocko	ihm	die Geschenke	gezeigt.
Stolz	hat	Rocko	sie	seinem Freund	gezeigt.
Stolz	hat	Rocko	sie	ihm	gezeigt.

links — **mich, dich/Sie, sie/ihn/es; uns, euch/Sie, sie** / Akkusativergänzung

Ü4

Zusätzliche Angaben im Vorfeld und im Mittelfeld

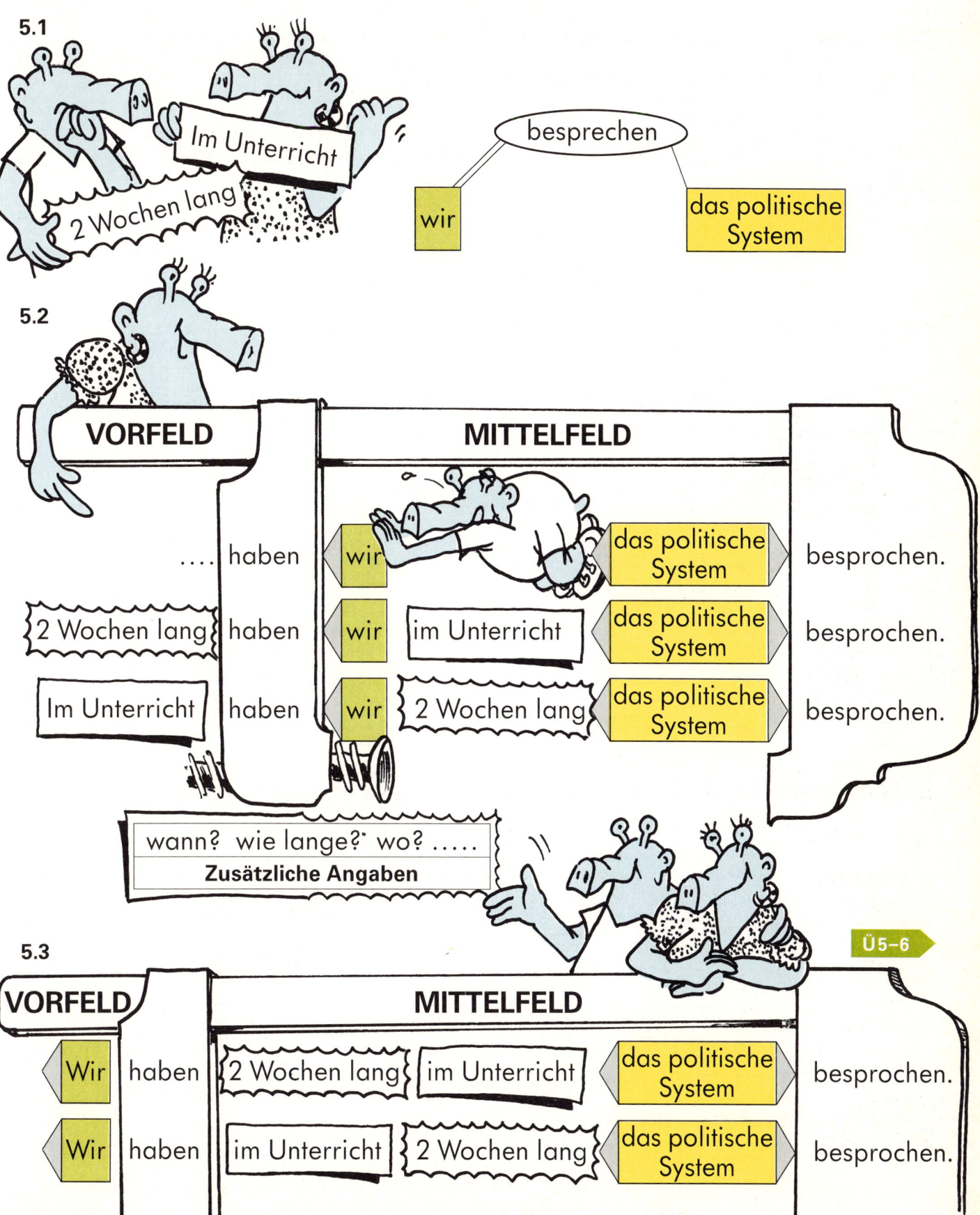

5.1

Im Unterricht

2 Wochen lang

besprechen

wir   das politische System

5.2

VORFELD		MITTELFELD		
....	haben	wir		das politische System	besprochen.
2 Wochen lang	haben	wir	im Unterricht	das politische System	besprochen.
Im Unterricht	haben	wir	2 Wochen lang	das politische System	besprochen.

wann? wie lange? wo? .....
Zusätzliche Angaben

Ü 5–6

5.3

VORFELD		MITTELFELD			
Wir	haben	2 Wochen lang	im Unterricht	das politische System	besprochen.
Wir	haben	im Unterricht	2 Wochen lang	das politische System	besprochen.

Ü1 Bilden Sie jeweils zwei Sätze.

Beispiel:

1.a) Er hat sein ganzes Geld für Bücher ausgegeben.
1.b) Sein ganzes Geld hat er für Bücher ausgegeben.

3.a) Ich kann dich zum Bahnhof bringen.
3.b) Zum Bahnhof kann ich dich bringen.

Ü2 Gebrauchen Sie jeden Satz als Nebensatz.

Beispiel:

1. (Ich weiß), daß er sein ganzes Geld für Bücher ausgegeben hat.

Ü3 Formulieren Sie jeden Satz als Frage.

Beispiel:

1.a) Hat er sein ganzes Geld für Bücher ausgegeben?
1.b) Wofür hat er sein ganzes Geld ausgegeben?

Ü4 Drücken Sie in den Beispielen 6, 17 und 19 die Dativergänzung und die Akkusativergänzung jeweils mit einem Personalpronomen aus.

Beispiel:

6. Die Großmutter hat es ihnen erzählt.

Ü5 Fügen Sie in die Sätze weitere Angaben ein.

Beispiel:

1.a) Er hat **wahrscheinlich** sein ganzes Geld für Bücher ausgegeben.
1.b) **Wahrscheinlich** hat er sein ganzes Geld für Bücher ausgegeben.

Aufgaben:

2. leider 3. heute abend 4. schon vor einer Woche 5. gestern 6. eine Stunde lang 7. schon früh 8. tatsächlich 9. schon oft 10. sicher 11. meiner Meinung nach 12. herzlich 13. vielleicht 14. während der Party 15. bei der letzten Untersuchung 16. nächste Woche 17. am Sonntag 18. schon um 7 Uhr 19. schon früher

Zu den Übungen Ü1–Ü5:

1. ausgegeben haben – sein ganzes Geld – für Bücher – er
2. geantwortet haben – auf die Frage – nichts – sie
3. bringen können – zum Bahnhof – dich – ich
4. eingeladen haben – zur Party – viele Gäste – Familie von Kopra
5. erinnert haben – an sein Versprechen – Peter – ich
6. erzählt haben – Märchen – den Kindern – die Großmutter
7. erziehen sollen – zur Selbständigkeit – ihre Kinder – die Eltern
8. gefunden haben – schön – die Wohnung von Hempels – Herr Miller
9. gegeben haben – einen guten Rat – uns – sie
10. gefallen werden – sehr gut – euch – unsere Wohnung
11. (nicht) glauben dürfen – alles – ihm – du
12. gratulieren wollen – zum Geburtstag – dir – ich
13. helfen können – beim Umzug – unseren Freunden – wir
14. gemerkt haben – von dem Diebstahl – nichts – Frau von Kopra
15. geraten haben – zu mehr Sport – mir – der Arzt
16. schicken müssen – nach England – ein Paket – ich
17. geschrieben haben – einen langen Brief – seiner Freundin – Peter
18. gestellt haben – das Essen – auf den Tisch – die Mutter
19. verboten haben – das Rauchen – meinem Vater – der Arzt

Ü6 Fügen Sie in die folgenden Sätze weitere Angaben ein.

Beispiel: Sie sagt, daß sie die Schule **insgesamt** ganz gut gefunden hat.

Aufgaben: Sie sagt,

1. daß sie alles in ein Heft geschrieben hat (regelmäßig);
2. daß sie nicht über Tschernobyl gesprochen haben (im Unterricht);
3. daß sie das politische System besprochen haben (zwei Wochen lang);
4. daß sich viele Lehrer nicht um Zusatzmaterial kümmern (leider);
5. daß die Lehrer den Lehrplan schaffen müssen (bis zum Ende des Schuljahres);
6. daß der Leistungsdruck nicht mehr so schlimm ist (in der 12. Klasse);
7. daß sie Kurzarbeiten schreiben mußten (in jedem Fach);
8. daß sie sich mit Latein abgepaukt hat (drei Jahre lang);
9. daß viele Lehrer den Unterricht vom Blatt ablesen (regelmäßig);
10. daß sie eine Apfelsaftflasche vor sich auf dem Tisch stehen hatte (einmal).

Berufsbezeichnungen

6

6.1 **Bắck**|**ER**|, Búchhändler(in), Fleíscher/Métzger, Gắrtner(in), Maúrer, Schneíder(in), Verkäúfer(in), Zímmerer

---

Hélf|**ERIN**|: Apothékenhelferin, Árzt~, Spréchstunden~

Téchn|**IKER**|: Férnmeldetechniker(in), Férnseh~(in), Rádio~(in), Záhn~(in);
ebenso: Kfź-Mechaniker(in), Chémiker(in), Eléktriker(in), Informátiker(in), Krítiker(in), Mathemátiker(in), Óptiker(in), Polítiker(in), Músiker(in), Phýsiker(in)

6.2 **Káuf**|**FRAU/MANN**|: Bánkkauffrau/mann, Büró~, Eínzelhandels~, Gróßhandels~, Industríe~;

Fách|**FRAU/MANN**|: Hotélfachfrau; Bürófachmann, Bánkfachmann

6.3 **Bürófach**|**KRAFT**|

6.4 **KOCH/KŐCHIN**

Hunger ist der beste Koch. (Sprichwort)

Viele Köche verderben den Brei. (Sprichwort)

cher Ausfert… ; ein zehnfaches Echo; mannigfach, mehrfach, vielfach; das Vierfache
'**Fach·ar·bei·ter** ⟨m.⟩ *Arbeiter mit abgeschlossener Lehre (in einem anerkannten Lehrberuf);* er ist ~ für Maschinenbau
'**fä·cheln** ⟨V.⟩ **1** ⟨400⟩ eine Brise, ein Luftzug fächelt. *weht sanft* **1.1** Blätter ~ *bewegen sich sanft im Wind* **2** ⟨500/R7⟩ jmdn. ~ *jmdm. durch einen Luftzug Kühlung verschaffen;* ich habe mich mit dem Taschentuch gefächelt **3** ⟨500⟩ etwas fächelt jmdn. od. etwas *weht jmdn. od. etwas sanft u. kühlend an;* der Wind fächelte mich, meine Stirn
'**Fä·cher** ⟨m.; -s, -⟩ **1** *runder od. halbrunder, starrer od. faltbarer, aus Vogelfedern, Stoff od. Papier bestehender Wedel, mit dem man sich od. jmdm. Luft zufächelt;* den ~ entfalten, aufklappen **2** ⟨jägerspr.⟩ *die Schwanzfedern des Auerhahns*
'**Fach·mann** ⟨m.; -(e)s, -leu·te od. -̈n·ner⟩ *jmd., der für ein bestimmtes Fachgebiet zuständig ist;* ein qualifizierter, alter, bewährter ~; er ist ~ auf diesem Gebiet
'**Fach·werk** ⟨n.⟩ **1** *bes. …* 16./17. Jh. belie… …scher

Kraft

strengt **1.0.3** wieder zu Kräften kommen *wieder gesund werden,* … kräftigen **1.0.4** …

… treten *ungültig werden* **4.3** in ~ treten *gültig werden;* das Gesetz tritt am 1. 10. in ~ **4.4** in ~ sein *gültig sein;* das Gesetz ist noch in ~ **5** *Hilfskraft, Mitarbeiter;* Büro~, Lehr~, Schreib~; wir brauchen für unsere Abteilung noch eine ~; wir müssen noch einige Kräfte einstellen; er, sie ist eine ausgezeichnete ~ **6** ⟨Phys.⟩ *den Bewegungszustand eines Körpers ändernde Größe;* das Gleichge… der Kräfte;

Ü 7

– Erklären Sie: *Facharbeiter, Fachfrau, Fachkraft, Fachmann.*
– Nennen Sie einige Berufe/Berufsbezeichnungen, die es vor 100 Jahren noch nicht gegeben hat.

7 Unterrichts- und Studienfächer

Wortbildung	Schule	Hochschule/Universität
① Geograph Biolog **IE** Chem	Chemíe, Biologíe, Geographíe	Archäologíe, Biologíe, Chemíe, Geographíe, Philosophíe, Psychologíe, Soziologíe, Theologíe
② Mus **IK**	Informátik, Mathematík, Musík, Physík	Elektrónik, Informátik, Mathematík, Pädagógik, Physík; Musík(wissenschaft)
③ Engl **ISCH**	Énglisch, Franzősisch, Gríechisch, Italiénisch, Portugíesisch, Rússisch, Serbokroátisch, Spánisch, Tűrkisch	
④ Erd **KUNDE**	Érdkunde, Heímatkunde, Sáchkunde, Soziálkunde, Natúrkunde	Vőlkerkunde, Vólkskunde
⑤ Arbeits **LEHRE**	Árbeitslehre, Religiónslehre, Wírtschaftslehre	Betríebswirtschaftslehre (BWL), Vólkswirtschaftslehre (VWL)
⑥ Angl **ISTIK**		Anglístik, Germanístik, Hispanístik, Linguístik, Romanístik, Slawístik, Publizístik (Zéitungswissenschaft)
⑦ Rechts **WISSEN-SCHAFT**		Literatúrwissenschaft, Musíkwissenschaft (Musikologíe), Politíkwissenschaft (Politologíe), Rechts- und Stáatswissenschaft (Júra), Soziálwissenschaft (Soziologíe), Spráchwissenschaft (Linguístik), Theáterwissenschaft, Wírtschaftswissenschaft(en), Zéitungswissenschaft (Publizístik)
⑧	Deutsch, Geschíchte, Kúnsterziehung, Latéin, Religión, Sport	Geschíchte, Kúnstgeschichte, Sport

96,3 UKW MHz
Radio Gong 2000
Ihre aktuelle Boulevard-Welle
...mmer dabei - auf 91,8

Radio Charivari
IHRE MÜNCHNER WELLE
UKW 95,5

Radio Trausnitz

HÖRT MACHT UNTERSTÜTZT
RADIO DREYECKLAND
0761/552455 Habsburgerstr. 9

RADIO XANADU
UKW City-Welle 93,3 MHz München

na denn ffn
UKW 100–104 MHz

Deutscher Gewerkschaftsbund NRW
Solidarität!
- Rheinhausen muß leben!
- Erhalt aller Stahlstandorte!
- Arbe...

RHEINHAUSEN soLL LEBEN

35
Der richtige Schritt

IG Ich bin Metallerin

ARBEIT und BERUF

1 Gerlinde Geffers ist von Beruf eigentlich Lehrerin, hat jedoch nach Studium und Ausbildung keine Stelle gefunden.
Sie hat zunächst ein Jahr lang für eine alternative Zeitung gearbeitet, ist dann aber wieder zum Unterrichten zurückgekehrt, „um diese Qualifikation nicht zu verlieren"; sie war auch ein Jahr als Deutschlehrerin in Italien.
Nach ihrer Rückkehr hat sie es noch einmal „mit Medien" versucht und sich beim privaten Rundfunksender *ffn* beworben.

Radioboom durch private Rundfunksender
Seit einigen Jahren gibt es in der Bundesrepublik eine wichtige Veränderung der „Medien-Landschaft": Es entstehen immer mehr private Rundfunksender, die den „alten" öffentlichen Programmen starke Konkurrenz machen.

Ü1 **Hören Sie Gerlinde Geffers' Bericht (Abschnitt ① des Interviews auf Cassette).**

Ü2 **Auf die Frage, ob „Journalistin" für sie mehr als nur ein Job zum Geldverdienen sei, antwortet Frau Geffers:**

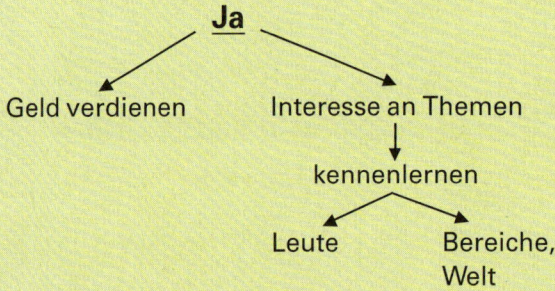

Ja

Geld verdienen   Interesse an Themen

kennenlernen

Leute   Bereiche, Welt

  Vergleichen Sie dieses Diagramm bitte mit Abschnitt ② des Interviews auf Cassette und geben Sie dann Frau Geffers' Antwort mit eigenen Worten wieder.

Der private Rundfunksender *ffn* behauptet, mutiger, schneller, aktueller zu sein als die normalen (öffentlichen) Rundfunkanstalten.
Gerlinde Geffers erwähnt, daß *ffn* mit Politikern „frecher" umgehen kann, denn: „Da sitzen in keinem Ausschuß die Parteien." Sie spricht von „innerer Zensur" (im Gegensatz zur äußeren) und meint damit die Zensur „im Kopf" des Journalisten aus Angst vor öffentlicher Kritik.

Die öffentlich-rechtlichen Rundfunkanstalten
der Bundesländer (Westdeutscher Rundfunk, Norddeutscher Rundfunk, Bayerischer Rundfunk, Radio Bremen, Südwestfunk Baden-Baden usw.) haben die Aufgabe, die Bevölkerung mit Information, Unterhaltung und Kultur zu versorgen. Ihr Programm muß „ausgewogen" sein, d.h. die vielfältigen Meinungen nebeneinander zeigen.
Sie werden öffentlich (gesellschaftlich) kontrolliert und finanziert: z.B. durch das Geld, das jeder Hörer zahlen muß (Rundfunkgebühren).

  Ü3 **Hören Sie jetzt Abschnitt ③ des Interviews und machen Sie dazu Notizen. (In diesem Hörtext wird das wichtige Wort *Magazinprogramm* verwendet: Es ist ein Rundfunkprogramm mit viel Musik und kurzen Informationsteilen).**

Ü4 Bearbeiten Sie die Interview-Abschnitte ④, ⑤ und ⑥ in Gruppen; machen Sie Notizen. Tragen Sie am Ende alle Informationen zusammen.

④ *ffn* lebt ganz von Werbung (Reklame) – Nachteile?
Hat Rundfunk Einfluß auf seine Hörer?

⑤ Eigene Themen – Auftragsthemen?
Wie bearbeitet Gerlinde Geffers ein Thema?

⑥ Wie sähe für G. Geffers ein gutes Rundfunkprogramm aus?

Ü5 Wie sähe für *Sie* ein gutes Rundfunkprogramm aus?

Ü6 Welche Fragen würden Sie einer Journalistin / einem Journalisten stellen?

Ein neuer Rundfunksender stellt sich vor

2

Ü7 Dieser Text ist sehr schwer: Lesen Sie ihn *nicht ganz!*
Wir suchen *nur wenige* wichtige Informationen. Unterstreichen Sie die Formulierungen im Text zu diesen Stichwörtern:

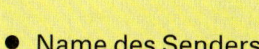

- Name des Senders

- Zeitdauer des Programms

- Sendebereich (= wo man den Sender hören kann)

- Finanzierung des Senders

- Zahl und Alter der Hörer

radio ffn
Privatfunk auf Erfolgskurs

radio ffn – unter diesem Namen trat am 31. Dezember 1986, high noon, die Rundfunkgesellschaft FUNK & FERNSEHEN NORD-WESTDEUTSCHLAND GMBH & CO. KG an, das erste private Hörfunk-programm Niedersachsens zu betreiben. Gestaltet wird ein 24stündiges Vollprogramm, also Service rund um die Uhr.

radio ffn ist auf den Frequenzen 100 bis 104 MHz in den Bundesländern Niedersachsen, Bremen und Hamburg sowie im nordöstlichen Nordrhein-Westfalen, in Nordhessen und Süd-Schleswig-Holstein zu empfangen.

Die Gesellschaft tragen 58 Zeitungs-, Zeitschriften- und Buchverleger Nordwestdeutschlands. radio ffn finanziert sich ausschließlich aus Werbung.

Seit Mitte Juni 1987 liegen erste Reichweitenuntersuchungen vor. Das Institut GFM-GETAS ermittelte, daß rund 550.000 Hörer pro durchschnittlicher Stunde radio ffn hören. Darüber hinaus weist die Studie radio ffn als echten Zielgruppen-Sender aus: Etwa 80% der ffn-Hörer sind zwischen 14 und 39 Jahre alt.

Ü8 Berichten Sie in der Gruppe mündlich über *radio ffn.*

3

In Abschnitt ④ des Interviews erwähnt Gerlinde Geffers, daß sie eine Sendung über *„Kinder als Kunden"* gemacht habe.
Diese Sendung ist dreieinhalb Minuten lang und bringt sehr viele Informationen und Meinungen nacheinander. Sie ist folgendermaßen aufgebaut:

Kinderstimmen + Verkäuferin: ① „. . . und wieviel kostet der?" — „3.95"	**Reporterin:** ② „Einfache Kunden sind sie bestimmt nicht . . ."	**Jürgen Apel,** ③ Inhaber eines Spielzeugladens: „Teilweise sind sie sehr schwierig . . ."
Reporterin: ⑥ Spielzeugläden sind das Ziel vieler Kinderwünsche.	**Jürgen Apel:** ⑤ „. . . müssen wir natürlich auch sehr freundlich sein . . ."	**Reporterin:** ④ Spielzeugläden = Schonräume für Kinder. Problematische Werbung in Supermärkten und im Fernsehen.
Walter Wilken, ⑦ Bundesgeschäftsführer des Kinderschutzbundes: Das Fernsehen als „Miterzieher"; Werbung trägt Unruhe in die Familien.	**Reporterin** ⑧ erwähnt Analyse der Hamburger Verbraucherzentrale: Werbung für Süßigkeiten im Fernsehen.	**Walter Wilken** ⑨ fordert Verbot von Werbung für Kinder und mit Kindern.

 Ü9 – Hören Sie nun die neun Abschnitte der Sendung und lesen Sie den „Bauplan" (oben) mit.
– Wie finden Sie den Aufbau der Sendung?

– Wählen Sie für Ihre Gruppe nun Abschnitt ② oder ⑤ aus und hören Sie diesen immer wieder. Machen Sie Notizen und sprechen Sie in der Gruppe darüber.

① *Meine Kinder solln alle 3 die Schule besuchen, dat sie was wern. Nämlich ich konnte dat nich, meine Eltern, die konnten dat ein-fach nicht aufbringen, es is keiner von uns auf e höhere Schule gegangen, aber meine Kinder solln das machen. Da soll keiner aufn Pütt. Die Zeche wird et dann sowieso nich mehr geben. Aber so, die solln irgendwie wat anderes wern. Die solln auf e Schule gehen. Dat hab ich auch schon zu mein Mann gesagt: Dat kann ich nich haben, daß die mal so arm wern wie wir. Die sollns mal n bißchen besser haben wie wir. Nich, is doch wahr! Unsereiner, der malocht und arbeitet und hat doch nichts.*

② ## Krise bei Kohle und Stahl

W. E. (Eig. Ber.) Rheinhausen und seine Krupp-Hüt-te*: ein Beispiel für die Strukturkrise an Rhein und Ruhr. Da wurde Jahr um Jahr zuviel Stahl produziert, für den es keine Käufer gab. Die Folge waren Verluste,
5 die in sechs Jahren 1 Milliarde Mark betrugen. Nun wird das Hüttenwerk geschlossen.

Es war nicht das erste, und es wird nicht das letzte sein: Denn im gesamten Ruhrgebiet, dem größten industriel-len Ballungsgebiet Europas, wurde in den letzten Jah-
10 ren zuviel Stahl produziert, den man nicht mehr ohne Verlust verkaufen konnte. Die Folge: Betriebe mußten geschlossen werden, Arbeitsplätze in der Stahlindustrie gingen verloren.

Begonnen hatten die Probleme schon 1958 mit der
15 Kohlekrise: Zeche um Zeche mußte stillgelegt werden; zuviel Kohle wurde gefördert, und die Käufer fehlten. Denn importierte Kohle, Erdöl und Erdgas waren (und sind) billiger.

Man erwartet, daß auch in Zukunft die Kohleförderung
20 und die Stahlproduktion weiter zurückgehen werden und weitere Arbeitsplätze in diesen Wirtschaftszweigen verlorengehen.

Deshalb kommt es darauf an, im Ruhrgebiet neue Indu-strien anzusiedeln und neue Arbeitsplätze zu schaffen,
25 damit die Region nicht mehr so sehr von Kohle und Stahl abhängig ist.

Erna E.

* Gemeint ist ein Stadtteil von Duis-burg, Rheinhau-sen, mit seinem Stahlhüttenwerk des Krupp-Kon-zerns, in dem die meisten Arbeit-nehmer/innen die-ses Stadtteils be-schäftigt waren.

③
Eisen- und Stahlindustrie in der BRD		
Jahr	Rohstahlproduk-tion in Mio. t	Beschäftigte
1959	29,4	
1969	45,3	395.600
1979	46,0	371.600
1987	36,3	297.200
		186.200

④
Entwicklung des Bergbaus (Steinkohle) in der BRD*			
Jahr	Förderung in Mio. t	Beschäf-tigte	Zechen
1957	149,4		
1967	112,0	607.000	173
1977	84,5	287.000	95
1987	75,8	192.000	43
		156.000	32
* Davon zwei Drittel (⅔) im Ruhrgebiet			

Ü 10 Erna E. spricht „Ruhrgebiets"-Dialekt, z. B. *wern* für „werden", *malochen* für „schwer ar-beiten", *Pütt* für „Zeche". Suchen Sie weitere Beispiele für Dialektformen im Text.

Ü 11 „Meine Kinder solln alle drei die Schule besu-chen", sagte Erna E. Warum möchte sie das?

Ü 12 „Die Zeche wird et dann sowieso nich mehr geben", hat Erna E. gesagt.
a) Was meinte sie damit?
b) Ist ihre Prognose richtig gewesen? (Verglei-chen Sie Tabelle ④).

Ü 13 Geben Sie einige Informationen der Tabellen ③ und ④ wieder. Sie können dabei die fol-genden Formulierungen benutzen:

„Von ..... bis ..... ist die Förderung/Produk-tion von Kohle/Stahl um ..... Millionen Ton-nen zurückgegangen."
„Im gleichen Zeitraum sank die Zahl der Be-schäftigten von ..... auf ....."
„Gleichzeitig ging die Zahl der Zechen von ..... auf ..... zurück."

Ü 14 Welchen Zusammenhang gibt es zwischen Text ② und den Tabellen ③ und ④ ?

Ü 15 – Sammeln Sie aus Text ② Informationen zu den folgenden Stichpunkten:
Rheinhausen – Stahlproduktion im Ruhrge-biet – Kohlekrise – Prognosen – (mögliche) Lösung.
– Fassen Sie den Inhalt des Textes anhand Ihrer Notizen kurz (schriftlich) zusammen.

5

Aufruf zu friedlichem Miteinander

Weizsäcker fordert in Weihnachtsansprache Solidarität mit Ausländern und Behinderten sowie neue Arbeitsplätze im Ruhrgebiet — Warnung vor Menschlichkeit zerstörender Gewalt

Bonn. (AP/dpa) Zum Weihnachtsfest 1987 hat Bundespräsident Richard von Weizsäcker alle Bürgerinnen und Bürger zu einem friedlichen Miteinander im Innern wie nach außen aufgerufen. In seiner von Rundfunk und Fernsehen ausgestrahlten Ansprache sagte Weizsäcker am Donnerstag, Frieden unter den Völkern könne nur gedeihen, „wenn wir auch im eigenen Volk friedlich miteinander umgehen lernen". Als beispielhaft für den notwendigen solidarischen Umgang miteinander nannte der Bundespräsident die Ausländer und die Behinderten, vor allem aber die vom Arbeitsplatzverlust bedrohten Arbeitnehmer im Ruhrgebiet und im Saarland.

1 *der Aufruf:* der Appell
2 *die Weihnachtsansprache:* die Rede zu Weihnachten
die Behinderten (Plural): die Menschen, die z.B. kaum oder gar nicht sehen, sprechen oder gehen können
3 *die Menschlichkeit:* die Humanität
6 *ausstrahlen:* (hier) senden
7 *gedeihen:* (hier) wachsen
friedlich miteinander umgehen: einander friedlich behandeln
10 *der Arbeitsplatzverlust* → den Arbeitsplatz verlieren: arbeitslos werden
vom Arbeitsplatzverlust bedroht: in Gefahr, ihren Arbeitsplatz zu verlieren
das Saarland: kleines Bundesland im Westen der Bundesrepublik, stark abhängig von Kohle und Stahl (wie das Ruhrgebiet)

In diesen Regionen „müssen wir einen großen Strukturwandel schaffen", erklärte Weizsäcker. Es könne nicht jeder Wirtschaftszweig und nicht jedes Unternehmen künstlich am Leben erhalten werden. Aber gerade dort, wo ein Ort bisher von einem einzigen Kohle- und Stahlbetrieb abhängig sei, seien die Menschen auf Hilfe beim Aufbau neuer Beschäftigung angewiesen. Es gehe um neue Arbeitsplätze, „und zwar an Ort und Stelle". Dies sei eine Aufgabe für alle überall im Bundesgebiet.

Auf die in der Bundesrepublik lebenden Ausländer eingehend appellierte er an die Deutschen, auf ihre ausländischen Mitbürger zuzugehen und sie spüren zu lassen, „daß sie zu einem Teil unserer Gemeinschaft geworden sind". Die Weihnachtsbotschaft des Friedens mache vor ihnen genausowenig Halt wie vor Staatsgrenzen.

Der Bundespräsident rief ferner dazu auf, die Behinderten und ihre Angehörigen auf ganz natürliche Weise in das Leben der anderen mit einzubeziehen. „Wir wollen ihnen die Gewißheit geben, daß wir zusammengehören", sagte er.

12 *einen Strukturwandel schaffen:* (hier) die Wirtschaft (Ökonomie) und Industrie verändern/verbessern
13 *der Wirtschaftszweig:* die Branche, z.B. Stahlindustrie oder Kohlebergbau

Ü 16 Im Zeitungsbericht über die Weihnachtsansprache des Bundespräsidenten erscheinen die gleichen Informationen an mehr als einer Stelle. Suchen Sie Beispiele dafür im Text. Sie können dabei diese Tabelle benutzen:

Der Bundespräsident ...	Textbelege
1. ... hat eine Weihnachtsansprache gehalten	*Zeile 2; 4-6*
2. ... hat zu friedlichem Miteinander aufgerufen	*Zeile ...*
3. ... hat über bedrohte (und neue) Arbeitsplätze im Ruhrgebiet gesprochen	....
4. ...	

Ü 17 Hören Sie von der Cassette Ausschnitte aus der Weihnachtsansprache des Bundespräsidenten und bearbeiten Sie die folgenden Aufgaben:

1. Der Bundespräsident spricht von Begegnungen mit verschiedenen Gruppen von Menschen. Welche Gruppen sind das?

2. Worüber spricht der Bundespräsident am Anfang seiner Rede?

3. Welche Themen, über die in dem Zeitungsartikel berichtet wird, sind auch in dem Redeausschnitt enthalten? Welche fehlen?

4. Wozu fordert der Bundespräsident die Bürger auf? Schreiben Sie eine kurze Zusammenfassung.

B1–6 ▶

① # Maschinenschlosser Anke kommt mit den Jungens bestens zurecht

Von Karl-Heinz Steinkühler

Oelde (Eig. Ber.) „Friseuse, Verkäuferin, nein danke." Anke Semmelroth kann über das Ergebnis des Eignungstests,
5 durchgeführt vom Arbeitsamt, Abteilung Berufsberatung, nur lachen. „Das dreiwöchige Prak-tikum in einem Frisiersalon hat mir gereicht." Anderen Leuten
10 die Haare zu waschen, liegt ihr nicht. Sie will „etwas leisten". Im Blaumann an der Werkbank stehen und Maschinenteile ferti-gen ist ihr Traum, als sie die
15 Schule verläßt. Das war vor gut fünf Jahren. Inzwischen hat sie erfolgreich eine Lehre absolviert und werkelt seit eineinhalb Jah-ren als fertige Maschinen-
20 schlosserin bei „Westfalia Se-parator" in Oelde.

Gestern freilich durfte sie ih-ren Arbeitsanzug nicht anzie-hen, da wurde sie vorgeführt.
25 Modisch adrett: der Pullover ro-sa, die Hose weiß, dezentes Make-up, gepflegte Hände, lok-kige Haarpracht. Eine junge Frau im Alter von 20 Jahren, wie
30 es sie zu Tausenden gibt. Und doch hat oder besser ist Anke Semmelroth etwas Besonderes. [...] Sie hat einen Männerberuf erlernt, und er macht ihr Spaß.
35 Derzeit lernen in Nordrhein-Westfalen gerade 84 Mädchen einen Beruf wie sie, obwohl es viel mehr sein könnten. Denn Ausbildungsstellen gibt es zur
40 Genüge, die Unternehmen be-klagen Facharbeitermangel. [...]

Nach ihren unbefriedigenden Erfahrungen mit dem Arbeits-amt wurde sie zum Ende der
45 Schulzeit selbst aktiv. Zwölf Adressen hat sie sich aus dem Telefonbuch rausgesucht, elf Absagen erhalten – „weil die eben keine Mädchen einstel-
50 ten" – und eine Zusage bekom-men. Für „Westfalia Separator" gibt es keine Hindernisse: „Mädchen stellen sich oft ge-schickter an als Jungen", hat
55 Ausbildungsleiter Mader er-kannt.

Probleme hat Anke in ihrem fünfjährigen Berufsleben nicht gehabt. Jedenfalls nicht mit den
60 männlichen Kollegen. „An der Werkbank komme ich mit den Jungens oft besser zurecht als mit Frauen", weiß sie aus Erfah-rung. Und wenn mal die Mus-
65 kelkraft fehlt und keine Maschi-ne zur Hand geht, dann helfen die Männer selbstverständlich: „Wir leben doch nicht im 18. Jahrhundert", äußert die 20jäh-
70 rige selbstbewußt. [...]

② ## „Frauenberufe"

Bonn (dpa). Fast ein Drittel aller Mäd-chen wird nur in vier Berufen ausgebil-det, und zwar in den traditionellen „Frauenberufen" Friseuse, Verkäuferin, Arzthelferin und Bürokauffrau. Das ist das Ergebnis einer Studie der IHK Bonn.

Text ①
4 *Eignungstest:* Test für die Berufswahl
8/9 *hat mir gereicht:* war schlimm genug für mich
12 *Blaumann:* Arbeitsanzug
18 *werkelt:* arbeitet
24 *vorgeführt:* präsentiert
40/41 *Sie beklagen Fachar-beitermangel:* Sie beklagen, daß es nicht genug Fachar-beiter gibt
66 *zur Hand geht:* hilft

Text ②
IHK: Industrie- und Handels-kammer

B 7

Ü 18 **Was erfahren wir über Anke Semmelroth?**
– **Sammeln Sie alle Informationen aus dem Zeitungsartikel:**
Alter – Aussehen – Berufe, die ihr gefallen / nicht gefallen – Erfahrungen bei der Bewer-bung / am Arbeitsplatz
– **Fassen Sie diese Informationen kurz zu-sammen.**

Ü 19 **„Männerberufe" – „Frauenberufe":**
– **Sammeln Sie aus beiden Texten Informa-tionen.**
– **Kennen Sie weitere „Männerberufe" / „Frau-enberufe"?**
– **Kennen Sie Frauen, die in „Männerberufen" arbeiten?**

Ü 20 **Besprechen Sie in der Gruppe:**
Was sind Ihrer Meinung nach Gründe dafür, daß es bis heute „Frauenberufe" und „Män-nerberufe" gibt?

Ü 21 **Diskutieren Sie in der Gruppe über die folgen-den Meinungen:**

Männerberufe sind für Frauen zu schwer und zu schmutzig!

Die Männerberufe können auch von Frauen ausgeübt werden.

Es gibt keine Berufe, die nur von Männern oder nur von Frauen ausgeübt werden können.

7

Die Beamten

von Peter Bichsel

Um zwölf Uhr kommen sie aus dem Portal, jeder dem nächsten
die Tür haltend, alle in Mantel und Hut und immer zur gleichen
Zeit, immer um zwölf Uhr. Sie wünschen sich, gut zu speisen, sie
grüßen sich, sie tragen alle Hüte.

5 Und jetzt gehen sie schnell, denn die Straße scheint ihnen verdächtig. Sie bewegen sich heimwärts und fürchten, das Pult nicht
geschlossen zu haben. Sie denken an den nächsten Zahltag, an
die Lotterie, an das Sporttoto, an den Mantel für die Frau und
dabei bewegen sie die Füße und hie und da denkt einer, daß es

10 eigenartig sei, daß sich die Füße bewegen.
Beim Mittagessen fürchten sie sich vor dem Rückweg, denn er
scheint ihnen verdächtig und sie lieben ihre Arbeit nicht, doch sie
muß getan werden, weil Leute am Schalter stehn, weil die Leute
kommen müssen und weil die Leute fragen müssen. Dann ist

15 ihnen nichts verdächtig, und ihr Wissen freut sie, und sie geben es
sparsam weiter. Sie haben Stempel und Formulare in ihrem Pult,
und sie haben Leute vor den Schaltern. Und es gibt Beamte, die
haben Kinder gern und solche die lieben Rettichsalat, und einige
gehn nach der Arbeit fischen, und wenn sie rauchen, ziehen sie

20 meist die parfümierten Tabake den herberen vor, und es gibt
auch Beamte, die tragen keine Hüte.
Und um zwölf Uhr kommen sie alle aus dem Portal.

Ü22 – **Was tun und denken die Beamten? Betrachten Sie die Bilder im Uhrzeigersinn:**

– **Lesen Sie Zeile 1–4 und vergleichen Sie mit
dem Bild oben Mitte.**

– **Lesen Sie nun bis Zeile 10. Welche Bilder entspre-
chen dem Text?**

– **Lesen Sie den Text ganz durch. Wie beschreibt
Bichsel die Beamten (Kleidung, Bewegungen,
Gedanken, Arbeit, Privatleben)?**

① ■ Hoffentlich läßt der uns so durch.
● Klar, hier passiert nie was!
Wir haben doch anständige Gesichter.
■ Aber wenn der jetzt das Auto –
● Hör auf …

② ○ Was zu verzollen?
● Nein, nichts.
○ Dann gute Fahrt!
● Danke.

③ ○ Warum haben Sie das nicht angegeben?
● Hab' ich total vergessen.
○ Versteckt haben Sie die Flaschen!
Das gibt eine Anzeige!
● Unsinn, das –
○ Wie viele Flaschen sind das?
□ Da hinten sind auch noch –
■ Psssst!!!

Zollbestimmungen

(Stand 1. Januar 1986)

I. Abgabenfreie Waren

Alkoholische Getränke, wenn Sie mindestens 17 Jahre alt sind,

a) aus Ländern der Europäischen Gemeinschaften

1,5 Liter destillierte Getränke oder Spirituosen mit einem Alkoholgehalt von mehr als 22 % vol
oder

3 Liter destillierte Getränke oder Spirituosen oder Aperitife aus Wein oder Alkohol, mit einem Alkoholgehalt von 22 % vol oder weniger,
oder

3 Liter Schaumwein oder Likörwein
und

5 Liter sonstiger Wein;

Ü 1 – Wer sagt was?
– Wie gehen die Gespräche weiter?
– Wieviel Alkohol ist zollfrei?

Ü 1 Was meinen Sie: Was „erzählt" dieses Bild?

„Loreley" heißt ein 132 Meter hoher Felsen am rechten Ufer des Rheins bei Sankt Goarshausen. Früher war es an dieser Stelle für die Schiffe gefährlich, weil es Felsen im Fluß gab.

Im Laufe der Zeit entstand eine Sage: Auf dem Loreley-Felsen sitzt eine Wasser-Nixe, ein Mädchen mit langen goldenen Haaren. Sie kämmt ihr goldenes Haar und singt dabei so schön, daß die Schiffer ganz verzaubert sind, nicht mehr auf den Fluß achtgeben, auf die Klippen fahren und ertrinken.

HEINRICH HEINE, 1797–1856, vor allem bekannt als Lyriker, der romantischen Stil und volksliedhaften Ton mit scharfer Ironie mischt.

4 *aus dem Sinn:* aus den Gedanken, aus der Erinnerung
5 *es dunkelt:* es wird Nacht
7 *funkelt:* ist sehr hell
11 *das Geschmeide:* der Schmuck
16 *die Melodei:* die Melodie
18 *das Weh:* der Schmerz
22 *der Kahn:* das Boot

Ich weiß nicht was soll es bedeuten,
Daß ich so traurig bin;
Ein Märchen aus alten Zeiten,
Das kommt mir nicht aus dem Sinn.

5 Die Luft ist kühl und es dunkelt,
Und ruhig fließt der Rhein;
Der Gipfel des Berges funkelt
Im Abendsonnenschein.

Die schönste Jungfrau sitzet
10 Dort oben wunderbar;
Ihr goldnes Geschmeide blitzet,
Sie kämmt ihr goldenes Haar.

Sie kämmt es mit goldenem Kamme
Und singt ein Lied dabei;
15 Das hat eine wundersame,
Gewaltige Melodei.

Den Schiffer im kleinen Schiffe
Ergreift es mit wildem Weh;
Er schaut nicht die Felsenriffe,
20 Er schaut nur hinauf in die Höh.

Ich glaube, die Wellen verschlingen
Am Ende Schiffer und Kahn;
Und das hat mit ihrem Singen
Die Lore-Ley getan.

Ü2 Hören Sie das Gedicht als Lied von der Cassette. Versuchen Sie, die Atmosphäre des Liedes zu beschreiben. Sie können das Lied auch gemeinsam lernen und singen.

Ü3 Wie ist die Sage von der „Lore-Ley" wohl entstanden? Was ist da passiert? Erzählen Sie die Geschichte von einem jungen Schiffer, der an dieser Stelle im Rhein mit seinem Boot verunglückt ist.

1   Präpositionalergänzungen nach Substantiv, Adjektiv, Verb

1.1   nach Substantiv

Viele Ausländer | machen sich | **Sorgen** — **AKKUSATIVERGÄNZUNG** → **PRÄPOSITIONALERGÄNZUNG** **um** ihre Zukunft.

1.2   nach Adjektiv

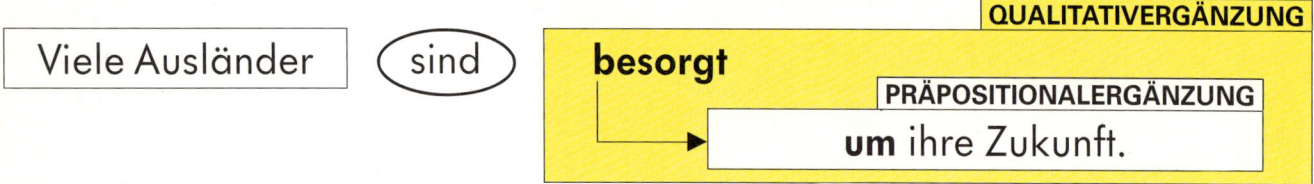

Viele Ausländer | sind | **besorgt** — **QUALITATIVERGÄNZUNG** → **PRÄPOSITIONALERGÄNZUNG** **um** ihre Zukunft.

1.3   nach Verb

Viele Ausländer | **sorgen sich** | **PRÄPOSITIONALERGÄNZUNG** **um** ihre Zukunft.

Weitere Beispiele

a) nach Substantiv	b) nach Adjektiv	c) nach Verb
Angst **vor**	—	sich ängstigen **vor/wegen**
Einfluß **auf**	—	beeinflussen (**+ Akkusativerg.**) ⚠
Aufruf **zu**	—	aufrufen **zu** .....
Solidarität **mit**	solidarisch **mit**	sich solidarisieren **mit** .....
Warnung **vor**	—	warnen **vor** .....
Abhängigkeit **von**	abhängig **von**	abhängen **von** .....
Sehnsucht **nach**	—	sich sehnen **nach** .....
Begegnung **mit**	—	begegnen (**+ Dativergänzung**) ⚠
Erfahrung **mit**	erfahren **in** ..... ⚠	—
Probleme **mit**	—	—
Interesse **an/für**	interessiert **an** ..... *(nicht: für!)*	sich interessieren **für** ..... *(nicht: an!)*

Ü1

Direkte Rede

"Friede unter den Völkern <u>kann</u> nur gedeihen, wenn ..."

"Gerade dort, wo ein Ort von einem einzigen Betrieb <u>abhängt</u> (abhängig <u>ist</u>), <u>sind</u> die Menschen auf Hilfe beim Aufbau neuer Beschäftigung angewiesen."

"Es <u>geht</u> um neue Arbeitsplätze, ..."

"Das <u>ist</u> eine Aufgabe für uns alle überall im Bundesgebiet."

"Wer arbeiten <u>kann</u> und <u>will</u>, darf nicht auf Dauer zu unfreiwilliger Untätigkeit verurteilt bleiben."

Indirekte Rede (Redewiedergabe) 2

Der Bundespräsident hat gesagt, Friede unter den Völkern <u>könne</u> nur gedeihen, wenn ...

Gerade dort, wo ein Ort von einem einzigen Betrieb (abhänge) abhängig <u>sei</u>, <u>seien</u> die Menschen auf Hilfe beim Aufbau neuer Beschäftigung angewiesen.

Es <u>gehe</u> um neue Arbeitsplätze ...
Das <u>sei</u> eine Aufgabe für alle überall im Bundesgebiet.

Wer arbeiten <u>könne</u> und <u>wolle</u>, <u>dürfe</u> nicht auf Dauer zu unfreiwilliger Untätigkeit verurteilt bleiben.

Konjunktiv I (Präsens) → 17B9/10 3

Infinitiv		sein	haben	werden	können	gehen	arbeiten	Endung
Singular								
1. Person	ich	sei- —	hab-e	werd-e	könn-e	geh-e	arbeit-e	-e
2. Person	du	sei-(e)st	hab-est	werd-est	könn-est	geh-est	arbeit-est	-est
	Sie	sei-en	hab-en	werd-en	könn-en	geh-en	arbeit-en	-en
3. Person	er sie es }	sei- —	hab-e	werd-e	könn-e	geh-e	arbeit-e	-e
Plural								
1. Person	wir	sei-en	hab-en	werd-en	könn-en	geh-en	arbeit-en	-en
2. Person	ihr	sei-et	hab-et	werd-et	könn-et	geh-et	arbeit-et	-et
	Sie	sei-en	hab-en	werd-en	könn-en	geh-en	arbeit-en	-en
3. Person	sie	sei-en	hab-en	werd-en	könn-en	geh-en	arbeit-en	-en

Infinitiv-Stamm + Konjunktiv-Endung

Ü2–3

4 Indirekte Rede: Indikativ *oder* Konjunktiv I (Präsens)

Direkte Rede	Indirekte Rede	Indirekte Rede
	Er sagt / sagte / hat gesagt, ...	
„Ich **habe** leider keine Zeit."	..... er **hat** leider keine Zeit. ..... daß er leider keine Zeit **hat**.	..... er **habe** leider keine Zeit. ..... daß er leider keine Zeit **habe**.
„Meine Freunde **kommen** heute zu Besuch."	..... seine Freunde **kommen** heute zu Besuch. ..... daß seine Freunde heute zu Besuch **kommen**.	..... seine Freunde **kommen** heute zu Besuch. ..... daß seine Freunde heute zu Besuch **kommen**.
„Sie **bleiben** bis zum Wochenende."	..... sie **bleiben** bis zum Wochenende. ..... daß sie bis zum Wochenende **bleiben**.	..... sie **bleiben** bis zum Wochenende. ..... daß sie bis zum Wochenende **bleiben**.
	Indikativ Präsens	**Konjunktiv I (Präsens)**

Gebrauch

Vor allem in gesprochener Sprache!

„Faustregel" für den

Konjunktiv I (Präsens):

Konjunktiv I (Präsens):

Konjunktiv II (Präteritum):

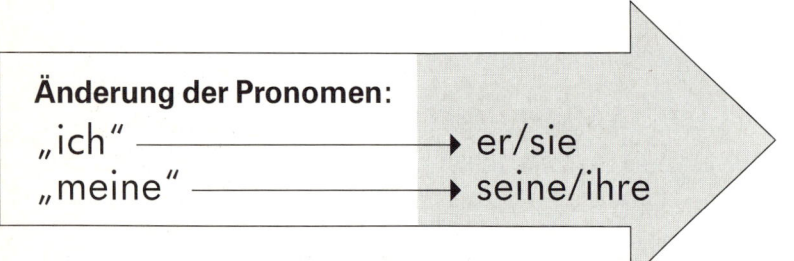

Änderung der Pronomen:

„ich" ⟶ er/sie

„meine" ⟶ seine/ihre

Ge-brauch **Konjunktiv I (Präsens)**

oder Konjunktiv II (Präteritum)   *oder* „würde"-Form

Indirekte Rede	Indirekte Rede	Bevorzugte Konjunktiv-Form:
..... er **hätte** leider keine Zeit. ..... daß er leider keine Zeit **hätte**.		**Konjunktiv I (Präsens)**
..... seine Freunde **kämen** heute zu Besuch. ..... daß seine Freunde heute zu Besuch **kämen**.	(..... seine Freunde **würden** heute zu Besuch **kommen**.) (..... daß seine Freunde heute zu Besuch **kommen würden**.)	**Konjunktiv II (Präteritum)**
..... sie **blieben** bis zum Wochenende. ..... daß sie bis zum Wochenende **blieben**.	..... sie **würden** bis zum Wochenende **bleiben**. ..... daß sie bis zum Wochenende **bleiben würden**.	**Konjunktiv II (Präteritum)** *oder* **Ersatzform mit „würd-"**
Konjunktiv II (Präteritum)	**Ersatzform mit „würd-"**	

Konjunktiv in der indirekten Rede:

er habe   **≠ er hat**   (Indikativ Präsens)   → **Konjunktiv I (Präsens)**

sie kommen **= sie kommen** (Indikativ Präsens)   → **Konjunktiv II (Präteritum)**

sie blieben **= sie blieben** (Indikativ Präteritum) → **Konjunktiv II (Präteritum)** *oder* **Ersatzform mit „würd-"**

und   **Konjunktiv II (Präteritum)** →   Vor allem in *schriftlichen* Texten, z. B. in *Zeitungstexten!*

Ü2–3

5 Konjunktiv I (Perfekt): Formen → 17B10

Singular						
1. Person	ich	sei- —		ich	hab-e	
2. Person	du	sei-(e)st		du	hab-est	
	Sie	sei-en		Sie	hab-en	
3. Person	er			er		
	sie	sei- —	gewesen	sie	hab-e	gehabt
	es		geworden	es		gekonnt
Plural			gegangen			gearbeitet
1. Person	wir	sei-en	.....	wir	hab-en	.....
2. Person	ihr	sei-et		ihr	hab-et	
	Sie	sei-en		Sie	hab-en	
3. Person	sie	sei-en		sie	hab-en	

KONJUNKTIV I von „sein"	+ PARTIZIP II	KONJUNKTIV I von „haben"	+ PARTIZIP II

6 Konjunktiv I (Perfekt): Gebrauch → 20B3

Direkte Rede	Indirekte Rede
	Er sagt / sagte / hat gesagt, ...
„Ich **hatte** vorige Woche keine Zeit. Meine Freunde **haben** mich **besucht**. Sie **sind** bis zum Wochenende **geblieben**."	..... er **habe** vorige Woche keine Zeit **gehabt**. (er **hätte** vorige Woche keine Zeit **gehabt**.) Seine Freunde **hätten** ihn **besucht**. Sie **seien** bis zum Wochenende **geblieben**. (Sie **wären** bis zum Wochenende **geblieben**.)
PRÄTERITUM / PERFEKT (INDIKATIV)	KONJUNKTIV I (Perfekt) oder KONJUNKTIV II (Plusquamperfekt)

Ü4–5

Ü1 **Ergänzen Sie bitte die Sätze. (⟶ 20B1)**

Beispiel: Viele Ausländer machen sich **Sorgen** (ihre Zukunft).
Viele Ausländer machen sich **Sorgen um ihre Zukunft.**

Aufgaben:

1. Viele Menschen haben **Angst** (Verlust des Arbeitsplatzes). 2a. Sie haben keinen **Einfluß** (Schaffung neuer Arbeitsplätze). 2b. Sie können ..... nicht **beeinflussen** (Schaffung neuer Arbeitsplätze). 3a. Der Bundespräsident forderte **Solidarität** (Ausländer und Behinderte). 3b. Die Menschen sollen sich ..... **solidarisieren** (Ausländer und Behinderte). 4a. Die Ansprache enthielt auch eine **Warnung** (Gewalt). 4b. Er hat auch ..... **gewarnt** (Gewalt). 5a. Groß ist die **Abhängigkeit** vieler Arbeitnehmer (ein einziger Betrieb). 5b. Viele Arbeitnehmer sind ..... **abhängig** (ein einziger Betrieb). 5c. Manchmal **hängen** viele Arbeitnehmer ..... **ab** (ein einziger Betrieb). 6. Der Bundespräsident **erinnert sich** (viele Begegnungen). 7a. Groß ist die **Sehnsucht** (Frieden). 7b. Fast alle Menschen **sehnen sich** (Frieden). 8a. Wir haben viel **Erfahrung** (Computer). 8b. Wir sind ..... sehr **erfahren** (die Arbeit mit Computern). 9. Viele haben noch **Probleme** (neue Technik). 10a. Junge Leute haben **Interesse** (Rock-Musik). 10b. Sind Sie ..... **interessiert** (diese Wohnung)? 10c. Ich **interessiere mich** besonders (moderne Kunst).

Ü2 **Geben Sie den folgenden Text in der indirekten Rede wieder.**

Beispiel: Karin sagt: „Ich verstehe meine Mutter nicht."
Karin sagt, **sie verstehe ihre** Mutter nicht.

Aufgabe:

Karin sagt: „Wenn ich im Haushalt nichts mache, schimpft sie; wenn ich mal koche, ist sie auch nicht zufrieden. Deshalb esse ich oft den Kühlschrank leer. Auch sonst habe ich Probleme. Meine Mutter läßt mir keinen Spielraum: Wenn ich Rockmusik höre, ist es ihr zu laut. Wenn ich abends nach Hause komme, muß ich klingeln, weil sie mir keinen Hausschlüssel gibt. Ich will deshalb weg von zu Hause!"

Ü3 **Geben sie zwei Abschnitte des Textes 19A5 („Ich pauke und vergesse") in der indirekten Rede wieder.**

Beispiel: Anouschka sagt, was **sie** angeblich fürs Leben **lernten** ....., das **schreibe** sie in ein Heft, **pauke** es und **vergesse** es wieder.

Ü4 **Geben Sie die indirekte Rede im folgenden Text in der direkten Rede wieder.**

Beispiel: Gerlinde Geffers sagte, sie habe Abitur gemacht, ...
Gerlinde Geffers sagte: **„Ich habe** Abitur **gemacht,** ....."

Aufgabe:

Gerlinde Geffers sagte,
sie habe Abitur gemacht; nach dem Abitur habe sie erst einmal Lehrerin werden wollen, sie habe das auch studiert. Und als sie fertig gewesen sei, habe sie noch die zweite Lehrerprüfung gemacht. Sie habe eineinhalb Jahre in der Schule gearbeitet, dann aber festgestellt, daß es keine Stelle gegeben habe .....

(Auf die Frage, ob der Beruf der Journalistin mehr als nur ein Job zum Geldverdienen sei, hat sie geantwortet,)
es gebe Bereiche, wo sie sagen würde, damit verdiene sie Geld, das interessiere sie nicht so sehr. Aber meistens sei es schon so, daß die Themen sie auch interessierten (interessieren würden) und sie das Gefühl habe, daß sie dabei etwas lerne .....

Ü5 **Geben Sie Text ② von 20A4 („Krise bei Kohle und Stahl") in der indirekten Rede wieder. Achten Sie besonders auf die Vergangenheitstempora.**

Beispiel: Rheinhausen und seine Krupp-Hütte: ein Beispiel für die Strukturkrise an Rhein und Ruhr. Da sei Jahr um Jahr zuviel Stahl produziert worden, für den es keine Käufer gegeben habe. .....

7 Die Wortfamilie *Arbeit/arbeiten/Arbeiter*

① Aus: DUDEN Rechtschreibung

Ar|beit *die;* -, -en; ar|bei|ten; Ar-bei|ter; Ar|bei|ter|be|we|gung, ...dich|ter; Ar|bei|te|rin *die;* -, -nen; Ar|bei|ter|klas|se, ...par|tei, ...prie|ster (kath. Priester, der unter denselben Bedingungen wie die Arbeiter lebt); Ar|bei|ter|schaft *die;* -; Ar|bei|ter-und-Bau|ern-Fa|kul|tät (in der DDR; Abk.: ABF); Ar|bei|ter-Un|fall-ver|si|che|rungs|ge|setz (↑ R 84); Ar|beit|ge|ber, ...ge|ber|ver|band, ...neh|mer, ...neh|me|rin *(die;* -, -nen); ar|beit|sam; Ar|beit|sam-keit *die;* -; Ar|beits_amt, ...be-schaf|fung, ...be|schaf|fungs-maß|nah|me (Abk.: ABM), ...be-such (Politik), ...di|rek|tor, ...es-sen (bes. Politik); ar|beits|fä|hig; Ar|beits_fä|hig|keit *(die;* -), ...feld, ...gang *der,* ...ge|mein-schaft, ...ge|richt, ...haus; ar-beits|in|ten|siv; Ar|beits_ka|me-rad, ...kampf, ...kli|ma, ...kraft *die,* ...la|ger, ...lohn; ar|beits|los; Ar|beits|lo|se *der u. die;* -n, -n (↑ R 7 ff.); Ar|beits|lo|sen_geld, ...hil|fe *(die;* -), ...quo|te, ...un-ter|stüt|zung, ...ver|si|che|rung *(die;* -); Ar|beits|lo|sig|keit *(die;* -), ...markt, ...mi|ni|ste|ri|um, ...mo|ral, ...platz, ...recht, ...stät-te; ar|beit(s)|su|chend; Ar|beit(s)-su|chen|de *der u. die;* -n, -n (↑ R 7 ff.); Ar|beits_tag; ar|beits-_täg|lich, ...tei|lig; Ar|beits_tei-lung, ...un|ter|richt (method. Prinzip der Unterrichtsgestal-tung), ...ver|hält|nis, ...ver|mitt-lung; ar|beits|wil|lig; Ar|beits-wil|li|ge *der u. die;* -n, -n (↑ R 7 ff.); Ar|beits_zeit, ...zeit-ver|kür|zung, ...zim|mer

② Wortbildung

		-geber
		-nehmer
Kurz-	**Arbeit**	-/s/amt
Auftrag/s/-		-/s/anzug
		-/s/kreis
		-/s/markt
		-/s/platz
		-/s/zimmer
be-	**arbeiten**	
ver-		
Fach-		
Mit-	**Arbeit-er**	
Hilf/s/-		
(Daten)Ver-	**arbeit**	-ung

Ü 6 Stellen Sie bitte fest, welche Komposita aus ②
im Wörterbuch ①
genannt werden.

Ü 7 Bitte ordnen Sie zu:

1. Arbeitgeber ( )
2. Arbeitnehmer ( )
3. bearbeiten ( )
4. Frauenarbeit ( )
5. Gartenarbeit ( )
6. Gastarbeiter ( )
7. Mitarbeiter ( )
8. Nachtarbeit ( )
9. verarbeiten ( )
10. Zusammenarbeit ( )

a an etwas arbeiten
b Angehöriger eines Betriebs/Unternehmens
c jemand, der Arbeitnehmer gegen Lohn oder Gehalt beschäftigt
d Arbeit während der Nacht
e Aufgaben für Frauen / Tätigkeit von Frauen
f jemand, der für einen Arbeitgeber gegen Lohn oder Gehalt arbeitet
g gemeinsame Arbeit
h Ausländer, der in der Bundesrepublik lebt und arbeitet
i etwas als Material für die Herstellung von etwas anderem ver-wenden
j Arbeit im Garten

FRAUEN/MÄNNER 21

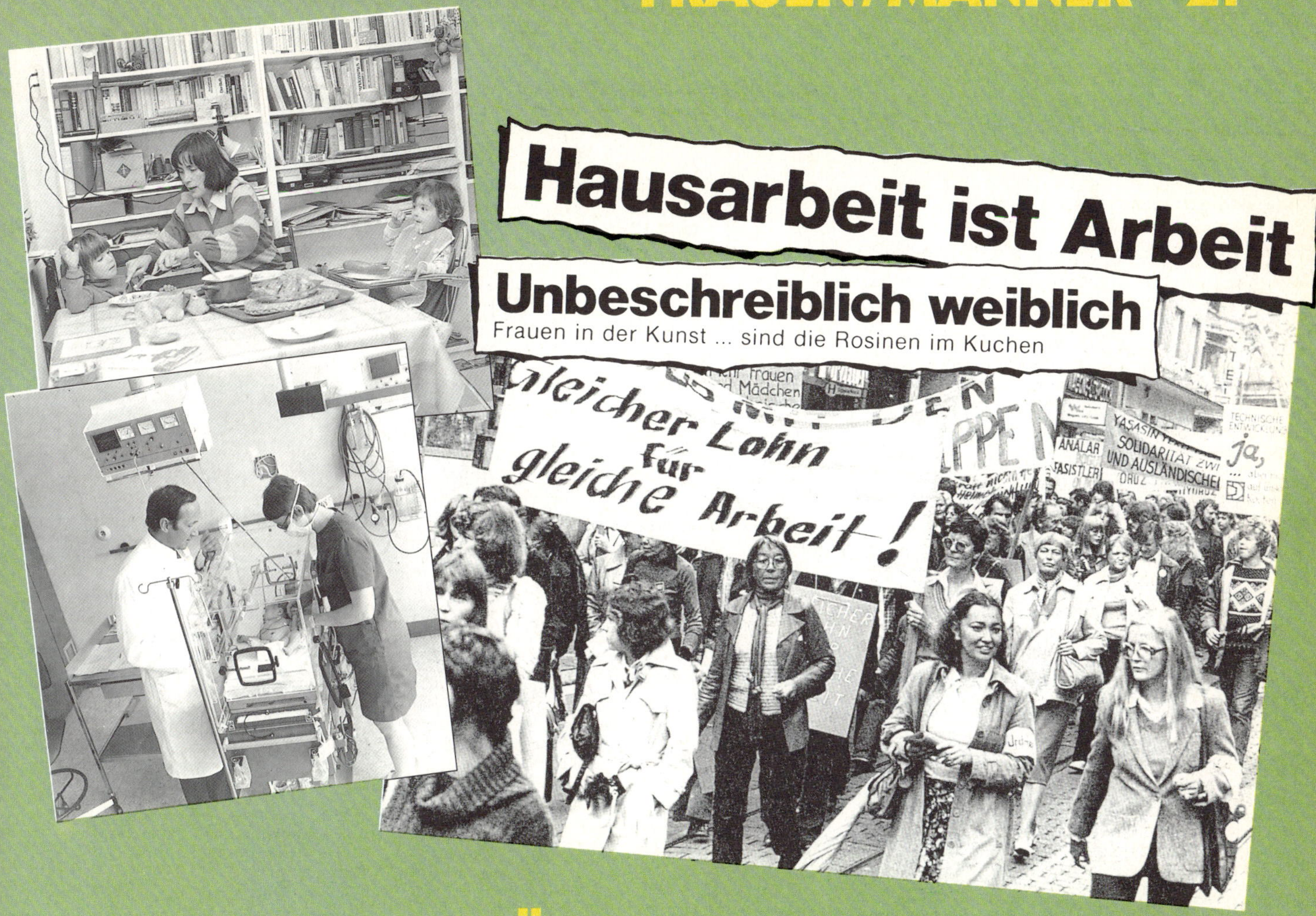
Hausarbeit ist Arbeit
Unbeschreiblich weiblich
Frauen in der Kunst ... sind die Rosinen im Kuchen
gleicher Lohn für gleiche Arbeit!

LERNEN und GEDÄCHTNIS

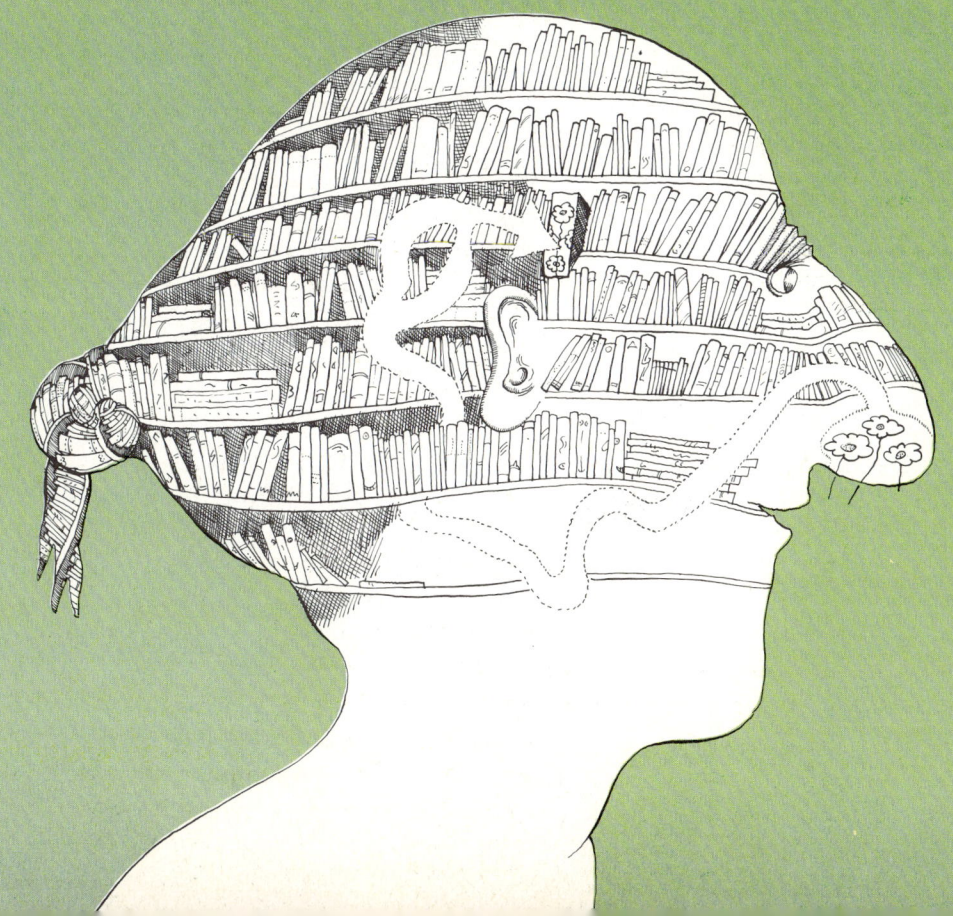

1

Jungen – Mädchen

Das hat ein Junge
geschrieben:

Das hat ein Mädchen
geschrieben:

Wenn ich groß bin, werde ich
Astronaut. Dann fliege ich bis
zum Mond. Ich sehe mir
alle Sterne an, und wo es
schön ist, steige ich aus und
baue mir ein Haus. Der ganze
Stern gehört dann mir. Groß schreibe
ich meinen Namen dran: Micha
Und meine Frau kommt mit und kocht
mir immer Pudding.

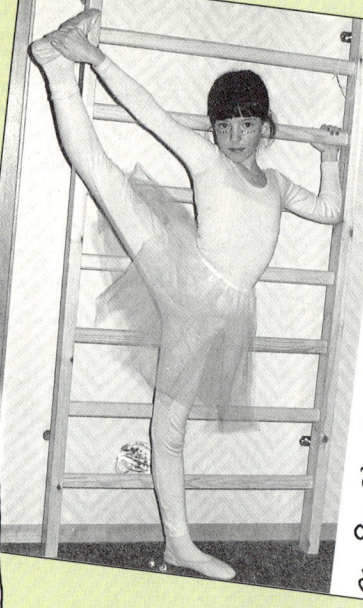

Wenn ich groß bin,
werde ich Tänzerin.
Ich tanze so viel, bis
ich reich und berühmt
bin.
Dann kaufe ich mir ein
Haus ganz für mich
allein. Ich will ganz
viele Tiere haben und
dafür nicht heiraten.
Lena

Ü 1 Die Bilder und Texte auf dieser Seite haben
mit bestimmten Meinungen über die Rollen
von Jungen und Mädchen zu tun.
Was können Sie feststellen?

Jungen ♂	Mädchen ♀

Ü 2 Vergleichen Sie die Pläne von Micha und Lena

B 1

Während Micha Astronaut werden will,
will Lena Tänzerin werden.

Micha will Astronaut werden,
aber Lena will Tänzerin werden /
dagegen will Lena Tänzerin werden.

Ehefrau, Hausfrau, Mutter

Ü3 Sehen Sie sich diese Fotos an:

– **Wo befindet sich die Frau?**
– **Wer ist sie?**
– **Was macht sie?**
– **Ist sie zufrieden?**

Ü4 Die Fotos gehören zu einer Erzählung von
Christel Dorpat.
Lesen Sie nun diese Erzählung.
Beantworten Sie danach dieselben
Fragen wie in Ü3.

*Christel Dorpat, *1930, war lange Zeit Hilfsarbeiterin.
Sie hat fünf Kinder und hat sich nach 25jähriger Ehe
von ihrem Mann getrennt. Sie schreibt schon seit
vielen Jahren.*

Christel Dorpat

Ein Vormittag

So, nun sind sie alle fort, dachte sie, als sie die Tür
hinter ihrer Jüngsten schloß, jetzt bin ich allein, jetzt
kann ich machen, was ich will. Sie lächelte. Langsam
ging sie den schmalen Flur entlang und sah in die
5   verwüsteten Zimmer zu beiden Seiten. Jeden Morgen
bot sich ihr der gleiche Anblick, einem Schlachtfeld
nicht unähnlich: zerwühlte Betten, offene Schranktü-
ren, schmutzige Unterwäsche.
Deine eigene Schuld, pflegte ihr Mann zu sagen,
10 wenn sie ihm schon mal ihr Herz ausschüttete, ich
habe dir schon immer gesagt …
Sie wußte zu genau, was er ihr immer gesagt hatte.
Sie wußte auch, daß sie beide nichts ändern konnten.
Es sind einfach die Verhältnisse, dachte sie und öff-
15 nete die Fenster, legte die Betten aus, sammelte die
schmutzige Wäsche ein.
Die Waschmaschine ist auch bald hinüber, dachte sie
dann, aber kein Wunder bei der Beanspruchung.

Ewig hängt Wäsche in der Küche. Ist eine Partie
trocken, muß die nächste aufgehängt werden. Aber   20
wo sollen wir soviel Wäsche herbekommen, daß ich
nur jede vierte Woche zu waschen brauche und auf
dem Speicher trocknen kann.
Du hast es gut, hatte ihre Mutter gesagt, du hast sonst
nichts zu tun, du brauchst nur für deine Familie zu   25
sorgen, du hast nur die Kinder und sonst nichts. Ihre
Mutter lebte auf dem Land, und für sie war die
Vorstellung von einem Stadthaushalt und angeneh-
mer Freizeitbeschäftigung so ziemlich eins. Es gibt
soviel angenehme Sachen, die wir früher gar nicht   30
kannten, heute geht das Putzen doch fast von allein,
pflegte sie zu sagen, und so sprach die Tochter ihr
nicht mehr von ihrer Arbeit. Wozu, dachte die Frau,
es interessiert niemanden wirklich, jeder will nur
etwas ganz Bestimmtes hören, etwas, was er schon zu   35
wissen glaubt.

Fortsetzung S. 84 →

17 *ist auch bald hinüber:* wird auch bald kaputt sein; 18 *die Beanspruchung:* die intensive
Benutzung; 19 *eine Partie:* (hier) die Menge Wäsche, die in die Maschine paßt; 29 *so
ziemlich eins:* dasselbe; 32 *ihr:* (hier) zu ihr

Also sage ich, es geht mir gut, wenn ich danach gefragt werde, und lächele. Sie seufzte; sie ging in das Bad, auch hier ein Schlachtfeld, aber sie sah es nicht,
40 sie sah in den Spiegel. War sie das, diese Frau, die ihr da fragend und skeptisch entgegensah, eine Frau undefinierbaren Alters, nicht mehr jung, aber auch nicht alt. Eine Frau – trotz allem – dachte sie und lächelte ein wenig. Ich muß mich beeilen, dachte sie
45 dann, ich werde nicht fertig, bis die Kinder wiederkommen. Sie machte ihre Arbeit, aber ihre Gedanken waren nicht bei der Sache. Du mußt deine Gedanken bei deiner Arbeit haben, sagte ihr Mann, wenn er zufällig sah, wie geistesabwesend sie dabei war. Aber
50 kann man von einem Menschen erwarten, daß er Tag für Tag denkt, jetzt fege ich, jetzt schäle ich Kartoffeln. Es wäre grausam, dachte sie, lieber schneide ich mir in die Finger. Dann dachte sie an ihr Spiegelbild. Die ersten Jahre ihrer Ehe fielen ihr ein. Stundenlang
55 war sie damals durch die Stadt gelaufen und hatte die Gesichter der Frauen studiert, nicht der jungen, nein, der älteren. Sie war bestürzt gewesen, was sie alles herausgelesen hatte. Noch sah sie die Reihen verbitterter und verhärmter Gesichter vor sich. Ein Licht-
60 blick fehlt ab und zu, dachte sie, etwas Schönes fehlt, etwas, was ganz nutzlos ist und nur Freude macht.
Das Kätzchen aus Kopenhagener Porzellan fiel ihr wieder ein. Sie hatte es damals auf ihren Streifzügen durch die Stadt in einem Schaufenster entdeckt. Kühl
65 und glänzend hatte es da gelegen, der Inbegriff aller Schönheit war es für sie gewesen, aber auch unerschwinglich. Wochenlang hatte sie immer einen Grund gefunden, an dem Schaufenster vorbeizugehen. Immer begehrenswerter war ihr das Figürchen
70 erschienen, doch eines Tages war es fort gewesen, und nirgendwo hatte sie ein ähnliches wiedergesehen.
Die Waschmaschine brummte. Sie mußte die trockkene Wäsche abnehmen und in die Schränke räumen, die Kartoffeln mußten aufgesetzt werden, alles
75 Handgriffe, die sie wie im Traum beherrschte. Das Bad mußte in Ordnung gebracht werden. Sie scheuerte das Becken und rieb die Kräne blank, aber in den Spiegel darüber sah sie nicht, sie horchte auf die Schritte auf der Straße, ihre Jüngste würde gleich
80 heimkehren.

---

49 *geistesabwesend:* mit ihren Gedanken irgendwo anders; 53 *das Spiegelbild:* wie sie im Spiegel aussieht; 59 *verhärmte Gesichter:* Gesichter, in denen die Sorgen und Leiden eines harten Lebens sichtbar sind; 63 *der Streifzug:* Weg, Wanderung; 65 *der Inbegriff aller Schönheit:* das reinste Symbol der Schönheit; 66 *unerschwinglich:* unbezahlbar; 77 *der Kran:* (hier) der Wasserhahn; 78 *sie horchte auf die Schritte:* sie hörte genau auf die Schritte.

> **B2–4.1**

Ü5 – „verwüsteten" (Zeile 5), „Schlachtfeld" (Zeile 6), „zerwühlte" (Zeile 7): Was bedeuten diese Wörter? Schlagen Sie eventuell im Wörterbuch nach.

– Haben diese Wörter für Sie eine positive oder eine negative Tendenz? Warum?
– Suchen Sie weitere Beispiele dieser Art im Text.

Ü6

dem Speicher trocknen kann.
Du hast es gut, hatte ihre Mutter gesagt, du hast sonst nichts zu tun, du brauchst nur für deine Familie zu sorgen, du hast nur die Kinder und sonst nichts. Ihre Mutter lebte auf dem Land, und für sie war die Vorstellung von einem Stadthaushalt und angeneh-

– Sieht Christel Dorpat das auch so? –
„Ja, weil ....." / „Nein, denn ....."
– Sammeln Sie Argumente für Ihre Meinung:

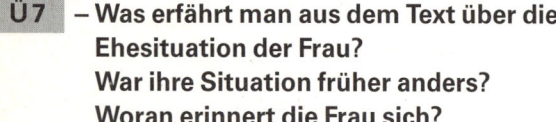

Argumente dafür: | Argumente dagegen:

Ü7 – Was erfährt man aus dem Text über die Ehesituation der Frau?
War ihre Situation früher anders?
Woran erinnert die Frau sich?

– Suchen Sie die entsprechenden Stellen im Text und fassen Sie den Inhalt kurz zusammen.

Ü8 Wie sieht der Ehemann die Situation? Stellen Sie sich vor, er trifft einen Freund, der ihn fragt: „Und wie geht's deiner Frau?" – Was antwortet er wohl?

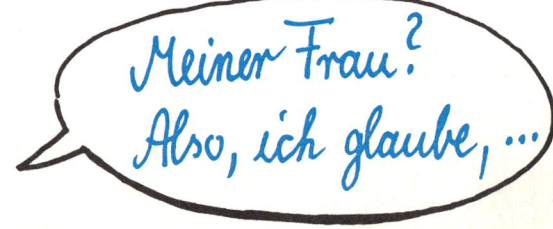

Meiner Frau? Also, ich glaube, …

Ursula Krechel, *1947 in Trier, Schriftstellerin, publiziert seit 1974. Besonders ihre Gedichte sind von vielen Kritikern gelobt worden. In ihrem Werk spielt das Verhältnis von Frauen und Männern eine wichtige Rolle. In ihrer Gedichtsammlung „Nach Mainz!" schreibt sie auch über ihre Mutter. Wir drucken den ersten Teil ihres Gedichts ab.

3

1 das Vierteljahrhundert: 25 Jahre
4 eine anständige Frau: (hier) eine Frau, die sich so verhält, wie die Leute es erwarten
5 ergebener: braver, angepaßter
7 in den Schoß gefallen: ohne Mühe bekommen
8 der Krümel: sehr kleines Stückchen Brot oder Kuchen
geschnippt: mit dem Finger weggeschossen
9 die Hoffnung begraben hatte: zu hoffen aufgehört hatte
Dame in Pelz: Dame mit teurem Pelzmantel
10 das Modeheft: die Modezeitschrift
11 hütete: sorgfältig aufbewahrte
13 die Spur: (hier) Zeichen, Hinweis
17 die Beine ... übereinanderzuschlagen: (hier) sich hinzusetzen und nicts zu tun
18 der Krebs: (hier) sehr schwere Krankheit
19 die Gebärmutter: weibliches Organ im Unterleib (Uterus)
wucherte: wurde sehr schnell größer
20 drängte ... aus dem Leben: tötete ... langsam

Meine Mutter

1 Als meine Mutter ein Vierteljahrhundert lang
Mutter gewesen war und Frau, aber das konnte sie
vergessen mit der Zeit, als sie so geworden war
wie eine anständige Frau werden mußte
5 klüger als die Großmutter, ergebener als die Tanten
sparsamer in der Küche und in der Liebe als eine
der das Glück in den Schoß gefallen war
als sie genug Krümel von der Tischdecke geschnippt
als sie die Hoffnung begraben hatte, einmal eine Dame
10 in Pelz zu sein wie in den Modeheften vor dem Krieg
die sie immer noch hinten in der Speisekammer hütete
als sie anfing, den Töchtern ins Gesicht zu sehen
auf der Suche nach Spuren, die sie im eigenen Gesicht
nicht fand, als sie nicht mehr vor Angst aufwachte
15 weil sie vom Bügeleisen geträumt hatte
das nicht ausgeschaltet war, als sie schon manchmal
wagte, die Beine am frühen Nachmittag
übereinanderzuschlagen, fraß sich ein Krebs
in ihre Gebärmutter, wuchs und wucherte
20 und drängte meine Mutter langsam aus dem Leben.
[...]

B4.2

Ü 9 Lesen Sie dieses Gedicht bitte einige Male durch. Welchen Eindruck macht dieser Text auf Sie?

Ü 10 Ursula Krechel „spielt" mit *Nebensätzen*, die mit dem Wort *als* eingeleitet sind, z. B.:

- Schreiben Sie die Liste weiter.

- Was erfährt man aus den *als*-Sätzen über die Mutter? Erkennen Sie eine Steigerung? Geben Sie bitte Beispiele.

- Als meine Mutter ein Vierteljahrhundert lang Mutter gewesen war und Frau, ...
- als sie so geworden war ...
- als ...

Ü 11 Einem *als*-Nebensatz folgt normalerweise *ein Hauptsatz*, z. B.: „*Als* ich niemanden sah, *ging ich* zurück ins Haus."

- Wo beginnt in Ursula Krechels Gedicht der Hauptsatz?

- Was drückt der Hauptsatz aus?

Ü 12 Stellen Sie sich vor, daß aus diesem Gedicht ein Lied gemacht wird: Welche Art von Musik würde Ihrer Meinung nach gut dazu passen?

JAZZ   KLASSISCHE MUSIK   ROCK
SOUL   BLUES
REGGAE   GOSPEL SONG   HEAVY METAL
FOLKLORE   CHANSON

TIP: Vielleicht können Sie das Gedicht mit der "richtigen" Musik auf Band spielen.

4 Verstehen, Behalten, Vergessen

Der junge Mann links ist Ausländer. Auf einem Postamt in der Bundesrepublik erlebt (sieht und hört) er eine Szene zwischen einem Kunden und dem Postbeamten am Schalter 2. Die beiden sprechen ziemlich schnell; der junge Mann versteht nicht alles.

Ü 13 Was glauben Sie:
– Worüber sprechen die beiden wohl? (Was sagt der Kunde, was der Beamte?)
– Ist das Gespräch höflich, freundlich, …?

Ü 14 – Hören Sie jetzt das Gespräch von der Cassette.
– War das Gespräch für den Kunden positiv oder negativ?
– Notieren Sie gemeinsam mit Ihrem Nachbarn, was Sie verstanden haben.

Ü 15 – Vergleichen Sie jetzt das, was Sie notiert haben, mit dem Text des Gesprächs: Er ist unten auf dieser Seite abgedruckt. Hatten Sie beim ersten Zuhören „genug" verstanden?
– Welche Teile des Dialogs hatten Sie beim Hören nicht verstanden? Warum nicht? (Zu schnell gesprochen, unbekannte Wörter …..?)

○ Ja sagen Sie mal, was soll *das* denn?
● Das? Das möchte ich wegschicken – als Paket.
○ Als was?
● Als Paket! Als was denn sonst?
○ Ah …, als was, bitte? Das soll'n Paket sein?
● Na, das sage ich doch!
○ Dieses Kunstwerk –
● Na und?!
○ – Oder 'ne Plastik – oder was is das?
● Na das ist doch egal!
○ Oder oder … is da vielleicht 'ne Leiche drin?
● Also bitte, machen Sie keine dummen Witze! Das muß man doch irgendwie wegschicken können!
○ Aber nicht mit der Post!!!
● Ja womit denn sonst?
○ Auf keinen Fall, das sag' ich Ihnen! Wie soll'n wir das denn transportieren?!

○ Das ist doch *Ihr* Problem!!
● Was is denn da eigentlich drin, sagen Sie?
○ Das geht Sie doch überhaupt nichts an!!! Das ist ein Paket, und damit basta!
● So, dann sage ich Ihnen hiermit, daß ich dieses Paket nicht annehmen werde.
○ Dazu sind Sie verpflichtet!
● Da is am Ende 'ne Bombe drin?!
○ Also, jetzt reicht's mir aber!! Wo ist der Leiter dieses Postamts?
● Der ist im 1. Stock. Aber nehmen Sie ihm gleich dieses Bombenpaket mit, und weg von meinem Tisch damit!! Der wird sich freuen. Und Sie werden sehen, was Sie davon haben!!!
○ Und *Sie* auch!

Das menschliche Gedächtnis

5

Der junge Ausländer hat die Szene mit den beiden Personen gesehen und ihr Gespräch gehört. Er hat nur einen kleinen Teil davon verstanden; aber das war genug, um den Inhalt des Dialogs ungefähr zu verstehen. Wie ist das möglich?

So funktioniert unser Gedächtnis:

a

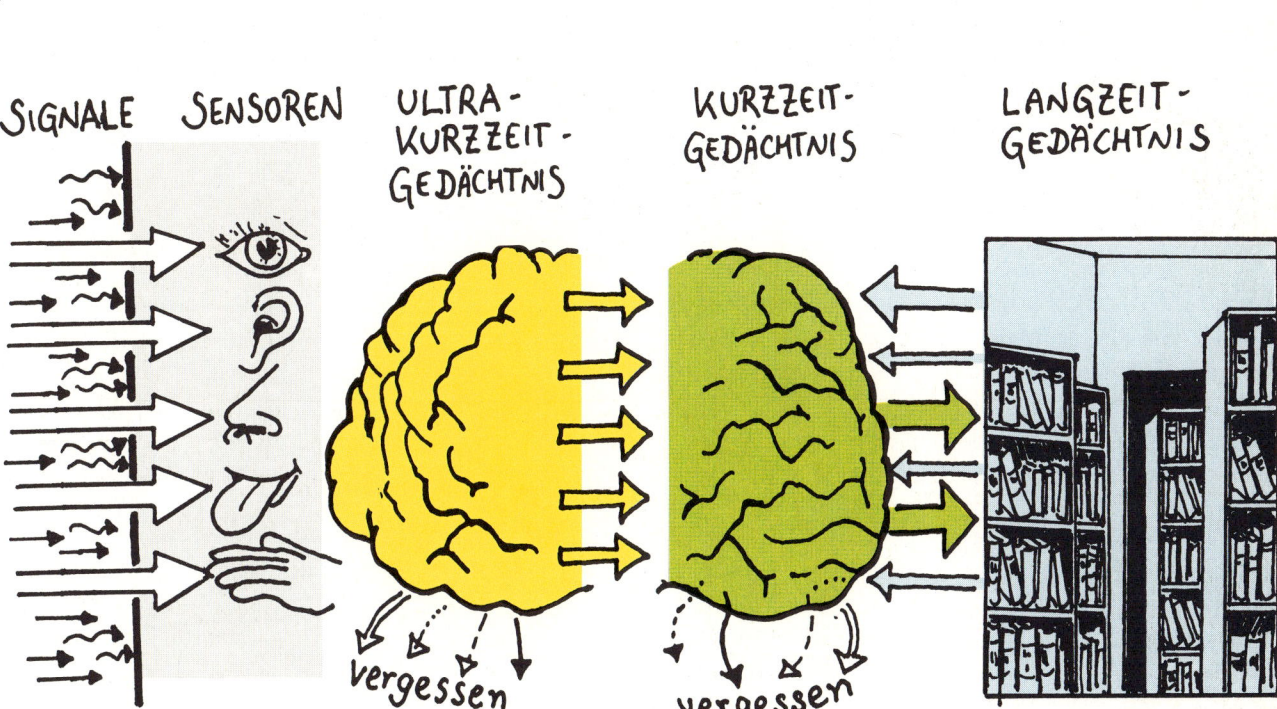

Die Augen und Ohren ("Sensoren") des jungen Mannes haben zuerst nur einige Signale (Wörter und Bilder) aufgefangen und im *Ultrakurzzeitgedächtnis* festgehalten. Alles andere ging verloren und wurde sofort vergessen.

Diese wenigen Signale wurden an das *Kurzzeitgedächtnis* weitergegeben. Hier wurden sie untersucht, identifiziert und kombiniert.

Dabei arbeitet das Kurzzeitgedächtnis mit dem *Langzeitgedächtnis* zusammen. Es vergleicht die neuen Signale mit den bekannten Wörtern und Bil-

dern, die schon im Langzeitgedächtnis vorhanden sind.

Wenn ein neu gehörtes Wort teilweise mit einem Wort übereinstimmt, das schon im Langzeitgedächtnis ist, kann es sofort identifiziert werden. Es genügen wenige Signale, um durch einen Vergleich die Bedeutung dieser Wörter oder Bilder zu erkennen.

Aber der Vergleich muß sehr schnell gelingen, weil schon die nächsten Signale "vor der Tür" des Kurzzeitgedächtnisses ankommen. Was nicht sofort identifiziert werden kann, wird vergessen.

Ü 16 – Welche neuen Wörter des Gesprächs (S. 86 unten) haben Sie behalten?
  – Prüfen Sie noch einmal, welche Wörter, Ausdrücke und Sätze des Gesprächs Sie sofort verstanden haben. Kannten Sie diese Wörter schon (ganz oder teilweise)?

  – Was passiert, wenn man einen Augenbick zu lange über ein gehörtes Wort nachdenkt?
  – Was ist schwerer zu verstehen: ein Hör-Text oder ein Lese-Text? Warum?

Ü 17
- Können Sie auf diesem Bild etwas erkennen?
  Wenn ja: beschreiben Sie.

- Haben Sie sofort ein Bild erkannt oder erst nach längerem Suchen?

- Was hat Ihnen bei der ‚Konstruktion' des Bildes geholfen?

Ü 18

- Können Sie diesen Text lesen und verstehen?
- Haben Sie zuerst einzelne Buchstaben, Wörter, Satzteile oder ganze Sätze erkannt?
- Gibt es im Text a (S. 87) eine Erklärung dafür, daß man den Text rechts lesen kann, obwohl die Buchstaben nur teilweise zu erkennen sind?

> Eine Witwe hatte zwei Töchter, davon war die eine schön und fleißig, die andere häßlich und faul. Sie hatte aber die häßliche und faule, weil sie ihre rechte Tochter war, viel lieber, und die andere mußte alle Arbeit tun und der Aschenputtel im Hause sein. Das arme Mädchen mußte sich täglich auf die große Straße bei einem Brunnen setzen und mußte so viel spinnen, daß ihm das Blut aus den Fingern sprang.

b

Das *Kurzzeitgedächtnis* ist die wichtigste Zentrale in unserem Gedächtnis-System. Hier werden neue Informationen/Signale identifiziert (oder nicht!). Außerdem werden hier die identifizierten Wörter und Bilder so kombiniert und geordnet, daß unser *Langzeitgedächtnis* sie gut aufbewahren kann.

Man hat das *Langzeitgedächtnis* oft mit einer Bibliothek verglichen. Für ein neues Buch (Wort, Bild) müssen wir den richtigen Platz suchen (in richtiger Nachbarschaft), sonst finden wir es nie wieder! Wir müssen viele verschiedene Erinnerungen an das Buch haben, an seinen Inhalt, seine Größe, Farbe, wann und wo wir es gekauft haben oder wer es uns geschenkt hat. Und wir müssen seinen Titel oft nennen – dann finden wir es leichter wieder.

Ü 19 – Welche Erfahrungen haben *Sie* mit Ihrem Gedächtnis gemacht? – „Ich kann besonders gut behalten (Wörter/Ausdrücke/Texte), ...

1. was ganz neu ist.
2. was ich zum Teil schon kenne.
3. was oft wiederholt wird.
4. was mich interessiert (Thema, Problem).
5. was ich dringend brauche (z. B. für Unterhaltungen).
6. was Ähnlichkeit mit meiner Muttersprache hat.
7. was ich für eine Prüfung gelernt habe.
8. was ich oft gehört und gelesen habe.
9. was ich oft benutzt (ausgesprochen) habe.
10. was schön klingt.
11. was ich geschrieben habe.
12. ...."
– Vergleichen Sie Ihre Erfahrungen in der Gruppe.

Mach sechs aus sechzehn!

Die Leistungsfähigkeit unseres Kurzzeitgedächtnisses ist sehr begrenzt. Etwa sieben Elemente können wir gleichzeitig behalten, mehr nicht.
Eine Zahlenreihe wie

2808174922031832

überfordert uns ganz klar.
Wenn wir jedoch wissen, daß das Goethes Lebensdaten sind –

*28.08.1749   †22.03.1832

– dann zerfällt diese Zahlenreihe in sechs Einheiten. Und die machen keine großen Schwierigkeiten mehr.

„Goethe in der Campagna",
Gemälde von Wilhelm Tischbein, 1786/88.

Ü 20 **Wie viele Einheiten kann unser Kurzzeitgedächtnis gleichzeitig behalten?**

– **Machen Sie einen Versuch mit der Zahlenreihe**

 2808174922031832.

 Wie viele Zahlen können Sie behalten?

– **Können Sie Goethes Lebensdaten auf einmal behalten?**
– **Machen Sie den gleichen Versuch mit Telefonnummern Ihrer Nachbarn (Vorwahl, Rufnummer).**

Ü 21 **Wir machen aus kleinen Einheiten größere Einheiten und erweitern so unser Kurzzeitgedächtnis:**

Machen Sie einen Versuch mit dem folgenden Beispiel:

Decken Sie den Text erst ganz ab; decken Sie dann Zeile für Zeile auf und lesen Sie.

HANSHAUSREGNENSTRÖMESCHUHLOCH
Hans Haus Regnen Ströme Schuh Loch
Hans (ist zu) Hause. (Es) regnet (in) Strömen. (Sein) Schuh (hat ein) Loch.
Hans ist zu Hause, weil es in Strömen regnet und sein Schuh ein Loch hat.

Tips zum Üben und Lernen   (Aus: Metzig/Schuster, *Lernen zu lernen*)   **6**

a) Übungen verteilen
b) Vor dem Schlafengehen wiederholen
c) Auf Tonband sprechen und abhören
d) Sich selbst laut vorsprechen
e) Stichworte machen und danach laut einen Vortrag halten
f) Jemandem erzählen, was im Text steht
g) Sich von anderen abhören lassen
h) Sich Fragen zum Text stellen und diese laut beantworten

i) Die 5 wichtigsten Gedanken aus jedem Kapitel aufschreiben
j) Sich zu den wichtigsten Gedanken ein Beispiel, eine Anwendung, ein Experiment o. ä. ausdenken und aufschreiben
k) Ein Schema zeichnen
l) Bildhafte Vorstellungen entwickeln
m) Stoff neu gliedern
n) Neue Überschriften zu den Kapiteln erfinden

Erläuterungen: a) *Übungen verteilen:* Sie arbeiten an 3 Abenden je ½ Std. statt an einem Abend 1½ Std. e) Sie wollen zu einem Thema (z. B. „Ein interessanter Abend") etwas auf deutsch sagen; Sie notieren erst einige Stichwörter und erzählen dann dazu eine Geschichte. k) Sie lesen/hören z. B. den Lebenslauf von Gerlinde Geffers (20A1) und machen sich dazu eine Skizze:

Lehrerin → Arbeit → alternative Zeitung → Italien ...

Ü 22 – **Welche Übungsformen haben Sie schon probiert? Mit welchem Erfolg?**

– **Haben Sie noch andere, eigene Vorschläge und Tips zum Lernen?**

21A

7a

Ich male mir den Winter

Ich male ein Bild,
ein schönes Bild,
ich male mir den Winter.
5 Weiß ist das Land,
schwarz ist der Baum,
grau ist der Himmel dahinter.

Sonst ist da nichts,
da ist nirgends was,
10 da ist weit und breit nichts zu sehen.
Nur auf dem Baum,
auf dem schwarzen Baum
hocken zwei schwarze Krähen.

Aber die Krähen,
15 was tun die zwei,
was tun die zwei auf den Zweigen?
Sie sitzen dort
und fliegen nicht fort.
Sie frieren nur und schweigen.

20 Wer mein Bild besieht,
wie's da Winter ist,
wird den Winter durch
und durch spüren.
Der zieht einen dicken Pullover an
25 vor lauter Zittern und Frieren.

Josef Guggenmos

Weiß ist das Land (Zeile 4)

Ü23 Schreiben Sie die passenden Zeilen (Verse) aus dem Gedicht neben diese Bilder.

Ü24 Vergleichen Sie die Verse und die Bilder: Wie „malt" der Dichter sein „Winterbild"?

Ü25 Wie ist das ganze Gedicht aufgebaut? Bitte notieren Sie:

Zeile 1-3: Der Dichter spricht von dem Bild, das er malen will.

Zeile 4 –

Ü26 – Hören Sie das Gedicht von der Cassette und betrachten Sie die Bilder.
– Versuchen Sie, einige Verse auswendig zu lernen.

①	Das	Land	ist	weiß.
	Il	paese	è	bianco.
	Der	Baum	ist	schwarz.
	L'	albero	è	nero.
	Der	Himmel	ist	grau.
	Il	cielo	è	grigio.

②	Weiß	ist	das	Land.
	Bianco	è	il	paese.
	Schwarz	ist	der	Baum.
	Nero	è	l' albero.	
	Grau	ist	der	Himmel.....
	Grigio	è	il	cielo ...

b

Ü27 – Lesen Sie die entsprechenden Zeilen aus ① und ② laut im Vergleich: Gibt es einen Unterschied im Klang, in der Betonung, in der Bedeutung?

– Untersuchen Sie bei ① und ② die Reihenfolge der Satzteile: Was ist anders?
– Im Italienischen ist der Effekt ähnlich wie im Deutschen. Wie ist es in *Ihrer* Sprache?

Ü28 – Der Dichter benutzt Wiederholungen. Suchen Sie weitere Wiederholungen im Text.
– Wie wirken diese Wiederholungen auf *Sie*?

Aber die Krähen,
15 was tun die zwei,
was tun die zwei auf den Zweigen?

① Der junge Mann telefoniert seit einer halben Stunde (Ortsgespräch). Die Frau muß dringend zu Hause anrufen, nur ganz kurz. Sie klopft vorsichtig an die Tür; der Mann redet einfach weiter. Da macht sie die Tür der Telefonzelle auf und sagt: „....." – Aber der junge Mann .....

② Die Frau und der Mann glauben beide, daß sie jetzt an der Reihe sind. Der Mann behauptet, die Frau sei nach ihm gekommen und habe sich einfach nach vorne gestellt. Die Frau fragt den Beamten, wer seiner Meinung nach zuerst an der Reihe ist. Aber der will dazu nichts sagen.

③ Der Beamte fragt die Frau, ob sie die Paketkarte schon ausgefüllt hat. Sie meint, das sei doch ein Päckchen und dafür brauche man kein Formular auszufüllen. Der Beamte antwortet: „Das hier ist kein Päck-chen. Fünf Kilo. Das ist ein Paket!" Das Paket kostet fünf Mark achtzig; die Dame findet das sehr teuer. Sie hat noch mehr Pakete und fürchtet, daß sie nicht genug Geld bei sich hat.

Ü1

Bilden Sie Arbeits-gruppen und wählen Sie für Ihre Arbeits-gruppe die Situation ① oder ② oder ③. Schreiben Sie dazu ei-nen Dialog und spielen Sie ihn den anderen vor.

Der Adversativsatz → 10B4, 12B

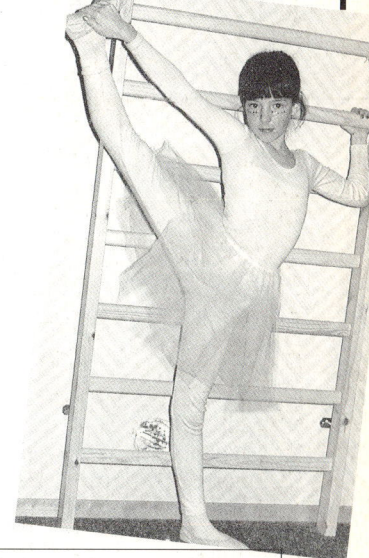

Micha ◆ Lena

Astronaut werden ◆ Tänzerin werden

Haus bauen ◆ Haus kaufen

1. **Während** Micha Astronaut werden will , will Lena Tänzerin werden .

2. **Während** Lena ein Haus kaufen will , will Micha ein Haus bauen .

| NEBENSATZ | , | HAUPTSATZ | . |

Andere Möglichkeiten:

Micha will Astronaut werden , Léna **aber** will Tänzerin werden.
Lena will **aber** Tänzerin werden.

Lena will ein Haus kaufen , { **aber** Micha will / **dagegen** will Micha } ein Haus bauen.

| Hauptsatz | , | Hauptsatz | . |

Ü1–2

Koordination von Sätzen

2

2.1

Sie (scheuerte) das Becken **HAUPTSATZ**
und (rieb) die Hähne (blank), **und** HAUPTSATZ ,
aber in den Spiegel darüber (sah) sie nicht, **aber** HAUPTSATZ ,
sie (horchte) auf die Schritte auf der Straße, **HAUPTSATZ** ,
....

2.2

Immer begehrenswerter (war) ihr das Figürchen (erschienen) , HAUPTSATZ,
doch eines Tages (war) es fort (gewesen), **doch** HAUPTSATZ,
und nirgendwo (hatte) sie ein ähnliches (wiedergesehen). **und** HAUPTSATZ.

3 Mehrfache Subordination von Sätzen → 10B5

3.1

| WAS? | ..... sagte ihr Mann .... | WANN? | **HS** |

Du mußt deine Gedanken
bei deiner Arbeit haben, ...

..... wenn er zufällig
sah, ...   **NS₁**

WAS?

..... wie geistesabwe-
send sie dabei war.   **NS₂**

3.2

Aber kann man von
einem Menschen
erwarten, ...

WAS?   **HS**

..... daß er Tag für
Tag denkt, ...   **NS₁**

WAS?

..... jetzt fege ich,
jetzt schäle ich Kartoffeln.   **NS₂**

HS = Hauptsatz
NS₁ = Nebensatz 1. Grades
NS₂ = Nebensatz 2. Grades

Ü3

4 Attribute I

4.1

ADJEKTIV / PARTIZIP / ...	SUBSTANTIV	PRÄPOSITIONALPHRASE / ...
..... den schmalen	Flur	.....
..... die verwüsteten	Zimmer	zu beiden Seiten .....
..... jede vierte	Woche	.....
..... soviel angenehme	Sachen,	die wir früher gar nicht kannten .....
..... diese	Frau,	die ihr da entgegensah, ...
..... eine	Frau	undefinierbaren Alters,
		nicht mehr jung, aber auch nicht alt .....
..... die ersten	Jahre	ihrer Ehe .....
..... das	Kätzchen	aus Kopenhagener Porzellan .....
..... auf ihren	Streifzügen	durch die Stadt .....
..... der junge	Mann	links .....
..... ein kleiner	Teil	davon .....

ADJEKTIV	SUBSTANTIV	PRÄPOSITIONALPHRASE
PARTIZIP		RELATIVSATZ
INDEFINITPRON. + ORDINALZAHL		GENITIVATTRIBUT
ZAHLWORT + ADJEKTIV		VERKÜRZTER NEBENSATZ
DEMONSTRATIVPRONOMEN		ADVERB
POSSESSIVPRONOMEN		PRONOMINALADVERB

4.2

Pieke Biermann
Hausarbeit ist Arbeit

Die meisten zur Hausarbeit gehörigen Tätigkeiten verlangen erhebliches organisatorisches Geschick und planerische Intelligenz. Wichtigste Fähigkeiten, die Mädchen und Frauen während einer durchschnittlich 20 Jahre dauernden Ausbildung tagtäglich eintrainiert werden, sind: Materialkenntnis, zeitliche Koordination, ökonomische Organisation.

Die meisten zur Hausarbeit gehörigen Tätigkeiten verlangen erhebliches organisatorisches Geschick und planerische Intelligenz

Fähigkeiten sind: Materialkenntnis, ...

die Mädchen und Frauen während einer durchschnittlich 20 Jahre dauernden Ausbildung eintrainiert werden

Ü4–6 ▶

Ü1 Drücken Sie den Unterschied/Gegensatz aus.

Beispiel: Micha will Astronaut werden ◆ Lena will Tänzerin werden
a) Während Micha Astronaut werden will, will Lena Tänzerin werden.
b) Micha will Astronaut werden, aber Lena will Tänzerin werden.
c) Micha will Astronaut werden, dagegen will Lena Tänzerin werden.

Aufgaben:
1. Männer bekommen für diese Arbeit 20 Mark pro Stunde ◆ Frauen bekommen für dieselbe Arbeit nur 16 Mark pro Stunde. 2. Manche glauben immer noch, Männer seien klüger als Frauen ◆ In Wirklichkeit ist der Intelligenzquotient von Männern und Frauen etwa gleich. 3. Männer erreichen ein Durchschnittsalter von 70 Jahren ◆ Frauen werden im Durchschnitt 75 Jahre alt. 4. Ein Drittel aller Mädchen wird in nur vier Berufen ausgebildet ◆ Jungen können zwischen viel mehr Berufen wählen. 5. 1957 waren noch 607.000 Arbeitnehmer im Bergbau beschäftigt ◆ Im Jahr 1987 waren es nur noch 156.000. 6. 1967 gab es in der Bundesrepublik noch 95 Zechen ◆ 20 Jahre später waren es nur noch 32. 7. Die meisten Mädchen erlernen immer noch die „typischen Frauenberufe" ◆ Anke hat einen „typischen Männerberuf" erlernt. 8. Die öffentlich-rechtlichen Rundfunkanstalten werden vor allem durch Rundfunkgebühren finanziert ◆ Die privaten Rundfunkanstalten finanzieren sich vor allem durch Werbung.

Ü2   ADVERSATIVSATZ oder TEMPORALSATZ? Drücken Sie den Inhalt des Nebensatzes anders aus.

Beispiel:

a) Während sie gingen, sprachen sie miteinander.

Sie gingen und sie sprachen (gleichzeitig) miteinander: TEMPORALSATZ

b) Während Micha Astronaut werden will, will Lena Tänzerin werden.

Micha will Astronaut werden, aber Lena will Tänzerin werden: ADVERSATIVSATZ

Aufgaben:

1. Während wir uns unterhielten, tranken wir Kaffee. 2. „Nun sind sie alle fort", dachte sie, während sie die Tür hinter ihrer Jüngsten schloß. 3. Während Eckehard in einer Wohngemeinschaft lebt, wohnt Stefanie noch zu Hause bei ihren Eltern. 4. Elham möchte immer mit seiner Familie zusammenleben, während Petra lieber von ihrer Familie getrennt lebt. 5. Während sie ihre Hausarbeit machte, dachte sie an das Kätzchen aus Kopenhagener Porzellan. 6. Während Ulla ihr Medizinstudium abschloß, machte Knut die Hausarbeit. 7. Während die Polizei den vermißten Jungen suchte, schlief dieser friedlich in einem Schneehaufen. 8. Während sie abends auf Monika warteten, versuchten sie sich vorzustellen, was Monika in der Stadt machte.

Ü3   Analysieren Sie die folgenden Sätze nach den Mustern in 21B3.

1. Nun sind sie alle fort, dachte sie, als sie die Tür hinter ihrer Jüngsten schloß, jetzt bin ich allein, jetzt kann ich machen, was ich will. 2. Das ist deine eigene Schuld, pflegte ihr Mann zu sagen, wenn sie ihm schon mal ihr Herz ausschüttete, ich habe dir schon immer gesagt, … 3. Es gibt so viele angenehme Sachen, die wir früher, als ich noch jung war, gar nicht kannten, pflegte ihre Mutter zu sagen, wenn sie ihr von ihrer Arbeit erzählte. 4. Ich sage, daß es mir gut geht, wenn ich danach gefragt werde, weil es doch niemanden wirklich interessiert, wie es mir geht. 5. Sie (die Beamten) lieben ihre Arbeit nicht, obwohl sie wissen, daß sie getan werden muß, weil Leute am Schalter stehen, die etwas von ihnen wissen wollen. 6. Nachdem Anke die Schule verlassen hatte, absolvierte sie eine Lehre in einem Beruf, den fast nur Jungen erlernen, weil es ihr Traum war, an der Werkbank zu stehen und Maschinenteile zu fertigen. 7. Weil Jahr um Jahr zuviel Stahl produziert wurde, für den es keine Käufer gab, wurden die Verluste immer größer, so daß ein Hüttenwerk nach dem anderen geschlossen werden mußte. 8. Weil man erwartet, daß auch in Zukunft die Stahlproduktion zurückgeht, kommt es darauf an, im Ruhrgebiet neue Industrien anzusiedeln, damit die Region nicht mehr so sehr von Kohle und Stahl abhängig ist.

Ü4   Grenzen Sie die Satzglieder ab und markieren Sie die Attribute (nach dem Muster in 21B4).

1. Ernst Jandl ist ein bekannter österreichischer Dichter der Gegenwart, der Gedichte und Hörspiele geschrieben hat. In seinem Aufsatz über „Die schöne Kunst des Schreibens" vergleicht Jandl seine Technik des Schreibens mit der Technik des Fotografierens. Das Gedicht „familienfoto" zeigt Jandls fotografische Technik sehr gut.

2. Ein zweieinhalbjähriges Mädchen stürzte aus dem zweiten Stock eines Hamburger Mehrfamilienhauses direkt in die Arme eines zufällig vorübergehenden Passanten. Das Kind und sein 50jähriger Retter wurden leicht verletzt.

3. Im Jahr 1284 kam ein seltsam aussehender Mann, der bunte Kleider anhatte, nach Hameln und sagte: „Ich bin Rattenfänger; für 1000 Taler werde ich eure Stadt von allen Ratten und Mäusen befreien." Die Bürger der Stadt versprachen ihm den geforderten Lohn, und der Rattenfänger zog sein Pfeifchen heraus und fing an zu pfeifen. Da kamen alle Ratten und Mäuse aus den Häusern der Stadt heraus und folgten dem Rattenfänger, der sie in den Fluß Weser hineinführte.

4. Joseph von Eichendorff ist ein sehr bekannter Dichter der deutschen Romantik, einer literarischen Epoche in der ersten Hälfte des 19. Jahrhunderts. Als Student machte er weite Wanderungen durch Deutschland und Österreich. Nach der Beendigung seines Studiums nahm er an den Kriegen gegen Napoleon teil. Eichendorffs bekannteste Erzählung ist „Aus dem Leben eines Taugenichts".

Ü5   Markieren Sie im Text „Ein Vormittag" (S. 83) alle Attribute.

Ü6   Was sehen Sie? Beschreiben Sie die Dinge und Personen auf dem Bild und verwenden Sie dabei Attribute.

Beispiel: Eine *alte* Postkutsche mit *vier großen* Rädern und *viel* Gepäck *auf dem Dach.* ……

5 Wortbildung: Komposita

5.1

Liselotte Rauner

Titel

Vater ist:

    Abteilungs-Leiter

    Haushalts-Vorstand

    Erziehungs-Berechtigter

    Auto-Besitzer

    Haus-Eigentümer

    Konten-Inhaber

    Vereins-Präsident und

    Schützenkönig

Mutter ist:

    Hausfrau

Abteilung/s/-Leiter

Haushalt/s/-Vorstand

Erziehung/s/-Berech-
tigter

Verein/s/-Präsident

Auto/∅/-Besitzer

Haus/∅/-Eigentümer

Schützen-König ⎫
Konten-Inhaber ⎬ **Plural**

Abteilungsleiter: der Leiter der/einer Abteilung

Haushaltsvorstand: der Vorstand des/eines Haushalts

Erziehungsberechtigter: jemand, der die „elterliche Gewalt ausübt"

Vereinspräsident: der Präsident des/eines Vereins

Autobesitzer: der Besitzer des/eines Autos

Hauseigentümer: der Eigentümer des/eines Hauses

Schützenkönig: der König der Schützen

(*Kontoinhaber:* der Inhaber des/eines Kontos bei der Bank)

Konteninhaber: der Inhaber von zwei oder mehr Konten

Ü7 Die Schreibung dieser Wörter ist anders als im Wörterbuch. Durch den Bindestrich – macht Liselotte Rauner auf etwas aufmerksam: Was denken Sie?

5.2 Komposita mit *Haus-*

'**Haus·da·me** ⟨f.⟩ angestellte Leiterin eines Haushalts

'**Haus·frau** ⟨f.⟩ das Hauswesen besorgende Ehefrau; ⟨allg.⟩ die im Haus wirtschaftende Frau; Gastgeberin; Sy Hausherrin; ⟨oberdt.⟩ Hausbesitzerin, Vermieterin; sie ist eine gute, schlechte ~

'**Haus·halt** ⟨m. 1⟩ die Wirtschaftsführung einer zusammenwohnenden Familie od. Lebensgemeinschaft sowie alle dabei nötigen Arbeiten (Kochen usw.); alle Mitglieder einer solchen Familie od. Gemeinschaft; alle Einnahmen u. Ausgaben eines Staates od. einer Körperschaft; seinen eigenen ~ einrichten, führen, gründen; jmdm. den ~ führen

'**Haus·hal·ter**, '**Haus·häl·ter** ⟨m. 3⟩ jmd., der einen Haushalt führt; Sy Hauser ⟨österr.⟩; er ist sein eigener ~

'**Haus·häl·te·rin** ⟨f. 22⟩ den Haushalt führende Angestellte; Sy Wirtschafterin, Hauserin ⟨österr.⟩

'**Haus·herr** ⟨m.⟩ Familienoberhaupt; Gastgeber; ⟨oberdt.⟩ Inhaber eines Hauses

'**Haus·her·rin** ⟨f.⟩ = Hausfrau

'**Haus·leu·te** ⟨nur Pl.⟩ der Hausmeister u. seine Frau; ⟨schweiz.⟩ die Mieter eines Hauses

'**Haus·mann** ⟨m.⟩ = Hausmeister; Ehemann, der den Haushalt besorgt

'**Haus·mei·ster** ⟨m.⟩ jmd., der vom Hauseigentümer für Ordnung u. Sauberkeit im Haus beauftragt wurde; Sy Hausmann, Hausbesorger ⟨österr.⟩; → a. Hauseigentümer; ⟨schweiz.⟩ Hauseigentümer

'**Haus·stand** ⟨m.; unz.⟩ Haushalt u. Familie; einen eigenen ~ gründen

'**Da·me** ⟨f. 19⟩ **1** ⟨zählb.; urspr.⟩ adlige Frau; ⟨danach⟩ vornehme, kultivierte Frau od. Mädchen aus guter Familie; Tischnachbarin, Tanzpartnerin; höchster Stein das Damespiels; ⟨Schach⟩ die Königin; ⟨Kart.⟩ dritthöchste Spielkarte; meine ~n und Herren! (Anrede); nach dem Tanz führt der Herr seine ~ an ihren Platz zurück; die ~ des **Hauses** Hausherrin, Gastgeberin; die ~ seines

Herr ⟨m. 16⟩ **1** ⟨urspr.⟩ Standestitel für Adlige nach Fürsten u. Grafen); ⟨allg.⟩ Besitzer, Gebieter, Herrscher; Vorgesetzter; (respektvolle Anrede für Männer; vor den Namen gesetzte Anrede für Männer); der ~ Gott; darf ich den ~ hier hereinbitten? (sehr höfl. Anrede); ein ~ möchte Sie sprechen, wartet draußen; mein ~ (höfl. Anrede) **2** er war nicht mehr ~ seiner selbst er konnte sich nicht mehr beherrschen, war außer sich; meine (sehr verehrten) **Damen** und ~en! (Anrede an eine Versammlung); ~ Meier; ~ **Direktor**; ~ Hauptmann; ~ **Doktor**, ~ Professor; **Gott**, der ~; ~ du meine **Güte**! (umg.) (Ausruf des Schreckens, Erstaunens); der ~ **Jesus**; der ~ des **Hauses** Hausherr, Hauseigentümer; Gastgeber; ~ der **Lage** sein die Situation beherrschen; die ~en der

Ü8 Vergleichen Sie die Bedeutungen der folgenden Wortpaare mit Hilfe der Definitionen im Wörterbuch (oben):

1. Hausfrau – Hausmann
2. Hausfrau – Hausherr
3. Hausfrau – Hausdame
4. Hausfrau – Haushälterin
5. Hausdame – Dame des Hauses
6. Dame des Hauses – Herr des Hauses
7. Hausherrin – Hausherr
8. Hausherr – Herr des Hauses
9. Hausmann – Hausherr
10. Hausmann – Hausmeister
11. Hausmann – Hausleute
12. Haushalt – Hausstand

Ü9 Wie drückt man diese Begriffe/Bedeutungen in Ihrer Sprache aus?

Einige Beispiele aus drei germanischen Sprachen (Englisch, Niederländisch, Norwegisch) und drei romanischen Sprachen (Französisch, Italienisch, Spanisch):

ama, amo, capo di casa, caretaker, casalinga, dame de compagnie, dame voor de huishouding, domestica, dueña/dueño de la casa, femme de ménage, gouvernante, head of the household, home, host, hostess, household, householder, house husband, housekeeper, housekeeping, housewife, huisvrouw, husfar, husmor, husvert, lady of the house, madre de familia, maître de céans, maîtresse de maison, massaia, ménagère, mistress, mujer casera, padrona di casa, patronne, tenants, vert [...]

5.3 Das „Fugen-/s/" in Komposita

Regel 1

Wenn das erste Substantiv in einem Kompositum auf -*ung* endet, folgt diesem in der „Fuge" zum zweiten Substantiv immer ein -*s-*.

Beispiele: Abteilungsleiter, Erziehungsberechtigter

Dieselbe Regel gilt auch für Substantive auf -*heit* (Freiheitsraum), -*ion* (Dokumentationszentrum), -*ität* (Qualitätsware), -*keit* (Höflichkeitsformel), -*ling* (Lieblingssportler), -*schaft* (Eigenschaftswort), -*tum* (Eigentumswohnung).

 Diese einfache und sichere Regel gilt für fast alle *femininen* Substantive.
Bei *Maskulina* und *Neutra* dagegen sollten Sie im Wörterbuch nachschlagen!

Ü 10 Suchen Sie weitere Komposita *mit* Fugen-/s/ in diesem Buch oder in einem Wörterbuch.

Regel 2

Wie alle Komposita mit *Haus*- (das schon mit einem -*s* endet!) haben auch andere Substantive, die auf -*s* enden, keinen Platz für ein Fugen-/s/.

Beispiele: Gas(pedal), Glas(teller), Gras(halm), Kreis(verkehr), Preis(liste)
Genauso: Fuß(ball), Fluß(bett), Platz(karte)

Ü 11 Suchen Sie weitere Komposita *ohne* Fugen-/s/.

6 „als"

1. Zum Ausdruck eines Vergleichs
   a) nach Komparativ:

Er ist heute lustiger als sonst.

   b) nach Adverb:

Er ist heute ganz anders als sonst.

2. Zur Einleitung von Nebensätzen
   a) „gleichzeitig mit …"

Als ich krank war, hatte ich viel Zeit zum Lesen.

   b) „zu der Zeit, da …"

Damals, als das geschah, war sie erst 16.

1 Als meine Mutter ein Vierteljahrhundert lang
Mutter gewesen war und Frau, aber das konnte sie
vergessen mit der Zeit, als sie so geworden war
wie eine anständige Frau werden mußte
5 klüger als die Großmutter, ergebener als die Tanten
sparsamer in der Küche und in der Liebe als eine
der das Glück in den Schoß gefallen war
als sie genug Krümel von der Tischdecke geschnippt
als sie die Hoffnung begraben hatte, einmal eine Dame
10 in Pelz zu sein wie in den Modeheften vor dem Krieg
die sie immer noch hinten in der Speisekammer hütete
als sie anfing, den Töchtern ins Gesicht zu sehen
auf der Suche nach Spuren, die sie im eigenen Gesicht
nicht fand, als sie nicht mehr vor Angst aufwachte
15 weil sie vom Bügeleisen geträumt hatte
das nicht ausgeschaltet war, als sie schon manchmal
wagte, die Beine am frühen Nachmittag
übereinanderzuschlagen, fraß sich ein Krebs
in ihre Gebärmutter, wuchs und wucherte
20 und drängte meine Mutter langsam aus dem Leben.
[…]

Ü 12 Bestimmen Sie im Text die Typen von „als":

Zeile 12 : Typ 2 b₁

REISEN

1

Meinungsumfragen 1987

Demokratie – ja. Politiker – nein.

Unter dieser Überschrift standen die folgenden drei Berichte über Meinungsumfragen in der Zeitschrift JUGENDSCALA (Nr. 1 / März 1988).

①

Ergebnisse einer Umfrage des „Mannheimer Instituts für praxisorientierte Forschung" im Auftrag des Bundesinnenministeriums im September 1987:

Die Zufriedenheit mit den demokratischen Verhältnissen in der Bundesrepublik hat deutlich zugenommen. 79 Prozent der Befragten sind mit den politischen Parteien und dem politischen System zufrieden. Vor einem Jahr waren es erst 71 Prozent. Anhänger der CDU und CSU gehören zu den politisch zufriedensten Bundesbürgern. 94 Prozent von ihnen schwören auf die Demokratie in ihrem Land. Bei den Anhängern der FDP sind es 83, bei den Freunden der SPD immer noch 74 Prozent – ein Plus von 10 Prozent in einem Jahr. Selbst die Anhänger der Grünen sind fast zur Hälfte (46 Prozent) mit dem demokratischen System zufrieden. Bleibt die Frage: Sind 54 Prozent im Prinzip dagegen, oder wollen sie es nur besser machen?

②

Ergebnisse einer Umfrage der „Wickert-Institute für Markt- und Meinungsforschung im In- und Ausland" im August 1987:

Die Politiker verlieren immer mehr an Vertrauen. Nur noch 27 Prozent der Deutschen (im Vorjahr: 37) halten „viel" von ihren Volksvertretern. Der Rest hat „gar kein" oder nur „wenig" Vertrauen in die Politiker. Nach der Wickert-Umfrage hatten 60 Prozent der insgesamt 3790 Befragten eine eher negative Meinung über die Politiker. Kritikpunkte: Politiker geben nie Fehler zu, sind unaufrichtig, verstehen nichts von ihrem Fach, sind zu oft auf Reisen, arbeiten zuwenig.

③

Ergebnisse einer Umfrage der „Infratest Forschung KG" im November 1987:

81 Prozent der Bevölkerung schenken ihren Politikern kein Vertrauen. Dies zeigt eine Meinungsumfrage unter 1000 Personen nach dem Politskandal in Schleswig-Holstein. Die meisten glauben, daß es Vorgänge wie in Kiel quer durch alle Parteien gibt. 71 Prozent halten solche Skandale bei der CDU für möglich, 51 Prozent bei der CSU. FDP und SPD folgen mit 42 und 41 Prozent. Nur sieben Prozent sagten, dazu seien auch die Grünen fähig. Die Umfrage ergab außerdem: 72 Prozent der Bürger sind davon überzeugt, daß ihre Politiker nicht immer die Wahrheit sagen.

Im Herbst 1987 wurde deutlich, daß der damalige Ministerpräsident des Bundeslandes Schleswig-Holstein unsaubere Aktionen gegen politische Gegner unternommen hatte.

Ü 1

– „Demokratie – ja. Politiker – nein": Paßt diese Überschrift zu den drei Berichten? Begründen Sie.

– In zwei der drei Umfragen geht es um das Vertrauen zu Politikern, nämlich in Text ② und ③. Gibt es große Unterschiede in den Ergebnissen? Welche?

– In allen Texten spielen auch die wichtigsten politischen Parteien der Bundesrepublik eine Rolle: die CDU, die CSU, die SPD, die FDP und die GRÜNEN. Welche Informationen über diese Parteien liefern die drei Texte?

Vergleichen Sie die Ergebnisse in der Gruppe und diskutieren Sie.

B1–2 ▶

Interviews über Politiker

2

Ein politischer Skandal beschäftigte 1987 und 1988 die Öffentlichkeit in der Bundesrepublik Deutschland. Uwe Barschel, Ministerpräsident des Landes Schleswig-Holstein, hatte im Wahlkampf unsaubere Methoden benutzt, um an der Macht zu bleiben. Als die Presse alles aufdeckte, verfing er sich in einem Netz von Lügen und mußte von seinem Amt zurücktreten. Einige Zeit danach wurde er in Genf tot aufgefunden. Die Affäre löste eine heftige Diskussion aus: Ist unsere Demokratie krank? Kann man Politikern noch vertrauen? Und: Wie sollte ein idealer Politiker sein?

Wir fragten junge Leute auf der Straße.

② Mein Idealpolitiker müßte menschlicher sein. Das sind Politiker keineswegs. Ich hatte mal Gelegenheit, einer Debatte zuzuhören. Das war miserabel. Miserabel, weil sie immer um den heißen Brei herum reden und nicht zur Sache kommen. Sie kommen nicht zum Kern der Sache, weil sie nicht ehrlich sind. Ob man ihnen vertrauen kann? Ich würde sagen nein. In der Politik kann man aber auch nicht ehrlich sein, weil die Wahrheit weh tut.

Hans-Dietrich, 19 Jahre

④ **Islin, 23 Jahre**

① **Sylvia, 18 Jahre**

③ Politikern vertrauen? Bestimmt nicht! Nach dem jüngsten Skandal scheint es doch so, daß Politik und Ehrlichkeit nicht zusammenpassen. Ich hoffe bloß, daß es nicht typisch für die deutsche Politik ist.

Ich glaube, daß Affären und Skandale Einzelfälle in der Politik sind. Aber daß so etwas vorkommen kann, das macht natürlich schon nachdenklich.

Andreas, 22 Jahre

Politiker sind wohl sehr abhängig von anderen Leuten in ihrer Partei und auch abhängig von der Industrie. Und wer alleine etwas durchsetzen will, der bekommt Ärger mit seiner Partei. Deshalb bin ich auch nicht so wahnsinnig enttäuscht nach einer Wahl, wenn Politiker nicht das halten, was sie versprochen haben. Man sollte schon vorher skeptisch sein, wenn man das alles hört.

Ü2 Diskutieren Sie folgende Fragen:

▷ **B 3**

– Welche Tendenzen sind erkennbar?
– Gibt es große Unterschiede zwischen den Auffassungen der vier Interviewten?
– Würden junge Leute in Ihrem Land auch so reagieren? Warum (nicht)?

RAGEUMFRAGEUMFRAGEUMFRAGEUMFRAGEUMFRAGEUMFRAGEUMFRAGEUMFRAGEUMFRAGEU

Ü3 Organisieren Sie eine kleine Umfrage über Politiker in *Ihrer* Gruppe!

– Stellen Sie u. a. die folgenden Fragen:
Ist unsere Demokratie krank?
Kann man Politikern noch vertrauen?
Wie sollte ein idealer Politiker sein?

– Suchen Sie sich zwei Partner und interviewen Sie sie. Notieren Sie die Antworten der anderen.
– Tragen Sie Ihre Ergebnisse vor und diskutieren Sie.

3 Das politische System der Bundesrepublik

1. Die Bundesrepublik Deutschland ist eine *parlamentarische Demokratie.* Die wichtigste parlamentarische Einrichtung ist der *Bundestag* in Bonn. Er wird alle vier Jahre von der Bevölkerung neu gewählt. Der Bundestag beschließt Gesetze, wählt den Regierungschef, den *Bundeskanzler,* und kontrolliert die Regierung. Die wichtigsten *Parteien* in der Bundesrepublik sind:

- die CDU (Christlich-Demokratische Union; nicht in Bayern!)
- die CSU (Christlich-Soziale Union; nur in Bayern!)
- die FDP (Freie Demokratische Partei; die Liberalen)
- die GRÜNEN (alternative Partei der Umwelt-, Friedens- und Frauenbewegung)
- die SPD (Sozialdemokratische Partei Deutschlands)
- die PDS (Partei des demokratischen Sozialismus)

In Bundestag und Regierung arbeiten die CDU und die CSU eng zusammen. Es gibt daneben noch einige kleinere Parteien, aber die haben keine Sitze im Bundestag. Es gilt nämlich die „5%-Klausel": Eine Partei kommt erst dann ins Parlament, wenn sie mindestens 5% aller Wählerstimmen erhält.

2. Die Bundesrepublik ist eine Föderation: Sie besteht aus 16 *Bundesländern.* Diese Bundesländer haben eigene Parlamente und Regierungen. Diese entscheiden über viele Bereiche selbständig, nicht aber z.B. über Außenpolitik und Verteidigung.

Auch die Länderparlamente *(Landtag, Bürgerschaft)* werden von der Bevölkerung gewählt. Auch hier gilt die 5%-Klausel.

Ü 4 Vergleichen Sie dieses politische System mit Ihrem Land: Was ist gleich, was ist anders? Machen Sie mit Ihrem Partner eine Liste.

4 Vor einer Landtagswahl

Am 8. Mai 1988 fand im Bundesland Schleswig-Holstein eine wichtige Landtagswahl statt. Nach der letzten Wahl – acht Monate vorher – war es nicht möglich gewesen, eine Regierung mit parlamentarischer Mehrheit zu bilden. Bei dieser erneuten Wahl gab es drei Hauptpersonen, die Politiker Björn Engholm (SPD), Heiko Hoffmann (CDU) und Wolf-Dieter Zumpfort (FDP).

In Presse, Rundfunk und Fernsehen fand diese Wahl große Aufmerksamkeit.

Ü 5 Lesen Sie den Artikel aus der „Süddeutschen Zeitung" vom Tag vor der Wahl. Was erfährt man daraus über das Parlament und die Parteien in Schleswig-Holstein? Machen Sie eine Stichpunktliste.

Am Sonntag wählt Schleswig-Holstein

Kiel (AP)

Acht Monate nach dem Patt bei der Landtagswahl im September vorigen Jahres wird in Schleswig-Holstein am Sonntag wieder ein neues Landesparlament gewählt. Die vorgezogene Neuwahl war ausgeschrieben worden, nachdem die Mehrheitsverhältnisse den Kieler Landtag praktisch handlungsunfähig gemacht hatten und die CDU-Regierung Schwarz seit dem Rücktritt des früheren Ministerpräsidenten Barschel nur noch geschäftsführend im Amt war. Rund zwei Millionen Wahlberechtigte sind aufgerufen, über die 74 Landtagssitze zu bestimmen. Bei der ersten vorgezogenen Landtagsneuwahl in der Geschichte des Landes bewerben sich zwölf Parteien; so viele wie nie zuvor. Bei der Wahl am 13. September waren die Sozialdemokraten unter ihrem Spitzenkandidaten Engholm zwar mit 45,2 Prozent der Wählerstimmen stärkste Fraktion geworden. Sie erreichten jedoch mit 36 Abgeordneten zwei Sitze weniger, als zur Mehrheit notwendig gewesen wären.

B 4

Nach der Landtagswahl: Ergebnisse und Folgen

Nicht nur vor dem 8. Mai 1988 wurde viel über die Wahlen in Schleswig-Holstein geschrieben und gesprochen. Auch am Wahltag selbst war diese Landtagswahl das wichtigste Thema der Medien, besonders in Rundfunk und Fernsehen. In den Abendnachrichten brachte das Radio stündlich die neuesten Ergebnisse bis tief in die Nacht.

Ü6 – Hören Sie die Spätnachrichten im Rundfunk von der Cassette. Notieren Sie Zahlenangaben über Wählerstimmen, Prozentanteile der Parteien und Sitze im Landtag.
– Vergleichen Sie Ihre Notizen mit den Daten, die von zwei Zeitungen am Tag nach der Wahl publiziert wurden. Gibt es Unterschiede? Welche?
– Diskutieren Sie Ihre Beobachtungen.

Das vorläufige amtliche Endergebnis	Landtag 1988		
	Gesamt-Stimmen	Proz.	Sitze
Berechtigt . . .	2 042 226		
Abgegeben . .	1 580 613	77,4	
Gültig	1 576 249		
SPD	857 688	54,8	46
CDU	521 014	33,3	27
FDP	69 588	4,4	—
Grüne.	44 886	2,9	—
SSW	26 646		1
Sonstige.	46 426	2,9	—

Landshuter Zeitung

NIEDERBAYERISCHES HEIMATBLATT FÜR STADT UND LAND · GEGRÜNDET 1849

Nummer 107

Montag, 9. Mai 1988 – Bittag, Beatus, Beata, Theresia

Kiel: Absolute Mehrheit für SPD
Schwere Verluste für die CDU

Sozialdemokraten errangen 54,8 Prozent der Stimmen – CDU büßte 9,3 Prozent ein – FDP und Grüne verpaßten Einzug in Landtag von Schleswig-Holstein – Engholm neuer Regierungschef

Frankfurter Rundschau

Montag, 9. Mai 1988 · Ja   Unabhängige Tageszeitung

Engholm gewinnt die absolute Mehrheit

FDP nicht mehr im Kieler Landtag

KIEL, 8. Mai (AP/FR). Bei der Landtagswahl in Schleswig-Holstein hat die SPD am Sonntag die absolute Mehrheit erobert. Die FDP wird nicht mehr im Landtag vertreten sein.

Acht Monate nach Bekanntwerden der Affäre um den früheren Ministerpräsidenten Uwe Barschel und dem Patt bei der Wahl im September vorigen Jahres holten die Sozialdemokraten nach den ersten Hochrechungen am Sonntag 52 bis 53,8 Prozent der Stimmen und damit mindestens 43 der 76 Landtagsmandate. Ihr Spitzenkandidat Björn Engholm wird damit der erste SPD-Ministerpräsident des nördlichsten Bundeslands seit 38 Jahren.

Der CDU gaben die Hochrechnungen nach erdrutschartigen Verlusten nur noch 34,1 bis 36 Prozent nach 42,6 Prozent bei der letzten Wahl.

6

Romantisches Heidelberg

Heidelberg liegt am Neckar, etwa hundert Kilometer südlich von Frankfurt, und hat 130 000 Einwohner.

Für die Touristen aus der ganzen Welt ist Heidelberg eine „heimliche Hauptstadt": 3 500 000 Gäste pro Jahr besuchen die alte Stadt am Neckar. Die meisten Besucher kommen aus Amerika und Japan. Heidelberg ist für sie das Symbol für „Good Old Germany". Man besucht das Schloß mit dem großen Weinfaß, die alte Brücke mit dem prächtigen Tor und die kleinen schiefen Häuser der Altstadt. Und man sucht nach dem Karzer (früher das „Gefängnis" für Studenten) und den alten Studentenlokalen, um die berühmte romantische Atmosphäre zu finden.

Für die Studenten von heute ist das Leben weniger romantisch. 28 000 studieren an der Universität, die über 600 Jahre alt ist.

Ü7 Suchen Sie im Text Wörter, die zum „romantischen Heidelberg" gehören.

Schloß

Romantisches Heidelberg

Brücke

Welche anderen Wörter fallen Ihnen noch ein?

Ü8 Im Text finden Sie viele Hinweise, die Genaueres über Heidelberg aussagen.

Beispiele:
Heidelberg liegt am Neckar
 ⊢→ ist .....
 └→ hat .....

In Heidelberg gibt es .....
 └→ kann man .....

7 Drei Tage in Heidelberg

Heidelberg-Arrangements

Für Einzelreisende:
3 Tage Heidelberg mit Herz

Standard: Unterbringung in Pensionen, Gasthöfen, kleineren Hotels, DM 159,–

Komfort: Unterbringung in Hotelzimmern mit Bad, DM 199,–

Sie erhalten Gutscheine für 2 Übernachtungen in Pensionen, Gasthöfen und kleineren Hotels, für die Stadtrundfahrt, für das Menü „Heidelberger Studentenliebe" in einem typischen Heidelberger Restaurant, für „Alt-Heidelberg-Spezial", das Lieblingsgericht eines Heidelberger Chefkochs, das in einem ausgesuchten Restaurant speziell für Sie zubereitet wird, für einen Museumspaß, einen Schiffsausflug nach Neckarsteinach, für eine 20 %ige Ermäßigung auf die Vorstellungen der Städtischen Bühne Heidelberg und für eine Informationsmappe mit originellen Aufenthaltsvorschlägen. Voranmeldung erforderlich. Einzelzimmer-Zuschlag DM 10,– pro Übernachtung.

Ü9 Suchen Sie Informationen zu den folgenden touristischen Fragen in diesem Angebot für Gäste:

– **Was kosten „3 Tage Heidelberg"**
 a) in einfachen Hotels,
 b) in komfortablen Hotels?

– **Was kostet die Nacht im Einzelzimmer extra?**

– **Gibt es im Programm auch eine Stadtbesichtigung?**

– **Ist der Eintrittspreis für Museen im Arrangement enthalten?**

– **Bekommt man damit Theaterkarten billiger?**

– **Muß man sich rechtzeitig anmelden?**

Ein romantisches Lied

JOSEPH VIKTOR VON SCHEFFEL

Alt Heidelberg

Alt Heidelberg, du feine,
du Stadt an Ehren reich,
am Neckar und am Rheine
5 *kein' andre kommt dir gleich.*

Stadt fröhlicher Gesellen,
an Weisheit schwer und Wein,
klar ziehn des Stromes Wellen,
Blauäuglein blitzen drein.

10 *Und kommt aus lindem Süden*
der Frühling übers Land,
so webt er dir aus Blüten
ein schimmernd Brautgewand.

Auch mir stehst du geschrieben
15 *ins Herz gleich einer Braut,*
es klingt wie junges Lieben
dein Name mir so traut.

Und stechen mich die Dornen
und wird mir's drauß zu kahl,
20 *geb ich dem Roß die Spornen*
und reit ins Neckartal.

Alt(es) Heidelberg, du schöne, du berühmte
Stadt, keine andere (Stadt) am Neckar und
Rhein kann sich mit dir vergleichen.

Du Stadt voll fröhlicher Studenten, reich an
Weisheit und Wein, im klaren Wasser des
Flusses (Neckar) spiegeln sich blaue
Mädchenaugen wie Blitze.

Und kommt aus dem warmen Süden der
Frühling über das Land, dann macht er dir
aus Blüten ein leuchtendweißes Brautkleid.

Auch in mein Herz bist du eingeschrieben wie eine Braut, wenn
ich deinen Namen höre, fühle ich meine Liebe zu dir.

Und wenn das Leben für mich zu hart und leer wird, gebe ich
meinem Pferd die Sporen und reite (zurück) ins Neckartal (nach
Heidelberg, zu dir).

Joseph Viktor von Scheffel, 1826–1886, stu-
dierte in Heidelberg und wurde als Verfasser
von Studentenliedern bekannt. Auch mit volks-
tümlichen Romanen hatte er großen Erfolg.

Ü 10 Das Bild ist eine Illustration zum Theaterstück
„Alt Heidelberg", das von der Liebe eines
Prinzen zur Tochter eines Heidelberger Wirts
handelt. Was geschieht auf dem Bild? Was
sagt der Prinz, was die Tochter?

Ü 11 Scheffel stellt im Lied Heidelberg als seine
„Geliebte" dar. Wie beschreibt er sie?

Ü 12 Wie wird im Gedicht die Atmosphäre von
Heidelberg geschildert? Vergleichen Sie mit
den Texten 22A 6–7.

Ü 13 In einem Buch steht, das Lied enthalte „... die
Melodie der Sehnsucht ebenso wie die des
Heimatstolzes". Stimmt das? Überprüfen Sie
das am Text.

9

ULRICH GREINER

Mein Liebste ist verschwunden

Heidelberg ist ein Mythos, begründet von deutschen Dichtern, in Geld umgesetzt von der Tourismusindustrie. Goethe war hier, Jean Paul, Hölderlin, Eichendorff, Brentano, Arnim – alle schwär-
5 men sie von der Stadt. […]

Heidelberg ist keine Stadt der Dichter mehr: Die Altstadt ist saniert, aufgeräumt, blitzsauber. An der Hauptstraße stehen Auto-maten „Dog parat", mit deren Hilfe Hundebesitzer den Kot ihres Lieblings in Tüten packen können. Wo früher die Straßenbahn an
10 bescheidenen Läden und kleinbürgerlichem Gewerbe vorüberklin-gelte, flanieren heute die Touristen und Konsumenten. Sie kaufen in teuren Boutiquen und lassen sich nieder im Queens Pub, in Shepherds Lounge, in den Bistros, Pizzerias, in den edlen Cafés, sie verspeisen Big Mäcs mit Pommes frites bei McDonalds, der ein
15 wunderbares Barockhaus an der Heiliggeistkirche besetzt hält.

---

2 *ein Mythos:* eine Legende / Sage, an die man glaubt
   begründet: begonnen, geschaffen
3 *in Geld umgesetzt:* für Geld verkauft
5 *schwärmen:* begeistert sein, besingen
7 *saniert, aufgeräumt:* renoviert/modernisiert und ordentlich
8 *Kot:* (hier) Hundedreck
10 *kleinbürgerliches Gewerbe:* Werkstätten und Läden von Schuh-

machern, Bäckern, Metzgern usw.
11 *flanieren:* spazieren(gehen)
12 *lassen sich nieder:* setzen sich gemütlich hin
14 *verspeisen:* essen
15 *Barockhaus:* Haus aus der Barockzeit (ca. 1600–1750)
   besetzt hält: fest im Besitz hat

Ü 14 Der Autor des Textes beschreibt kritisch die Veränderung der Stadt durch den Tourismus:
– Was war Heidelberg früher?
– Was hat sich verändert (Häuser, Straßen, Verkehr, Geschäfte, Gasthäuser)?

Ü 15 Berichten Sie: Kennen Sie weitere Beispiele dafür, wie durch den Tourismus eine Stadt, eine Landschaft, ein Land verändert worden ist?
Was hat sich dabei ganz besonders verändert – die Menschen, die Arbeit, die Städte und Dörfer, die Natur?

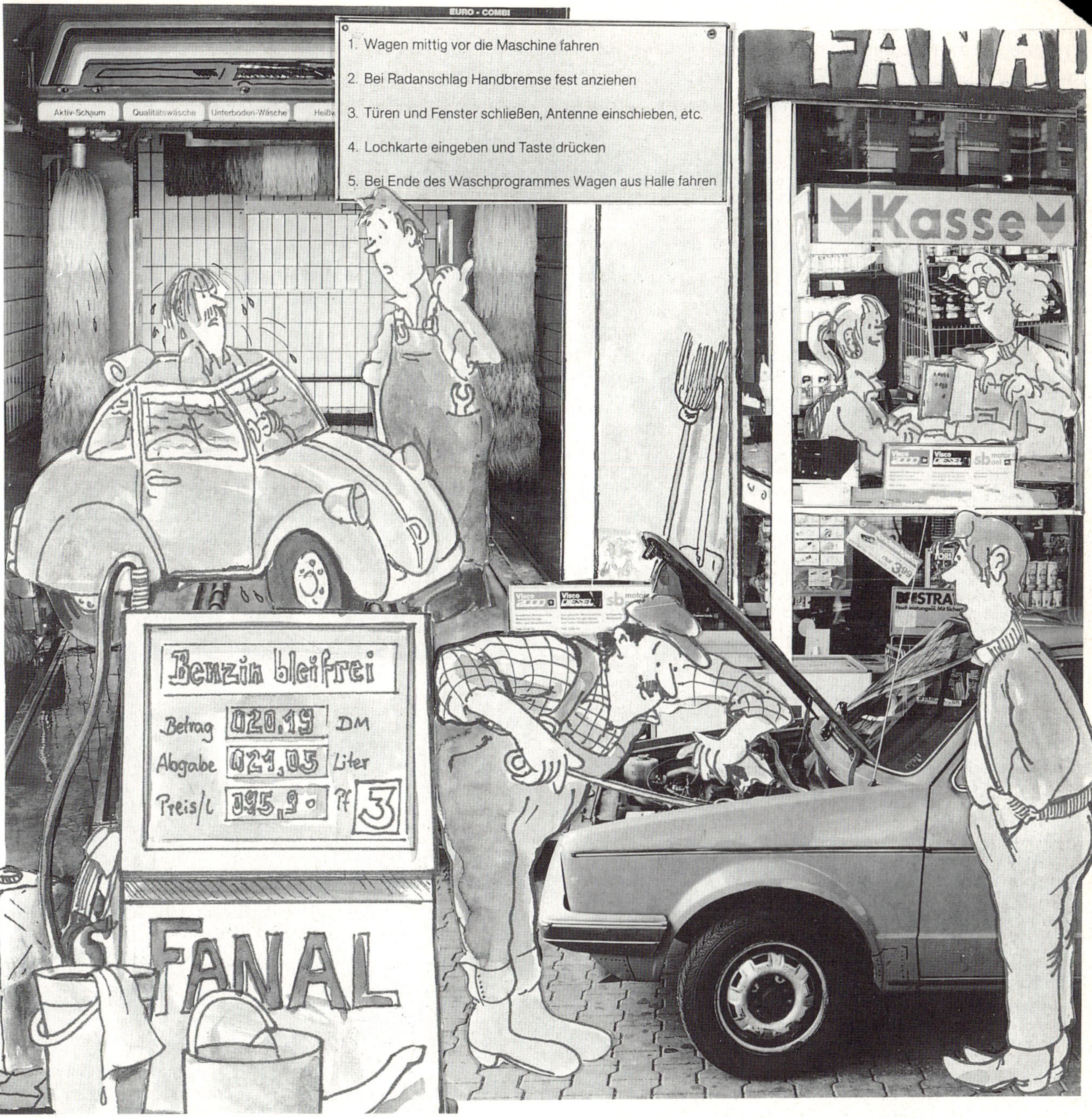

Ü1 Welche Äußerungen gehören zusammen? – Machen Sie Dialoge und spielen Sie diese.

22

...üssen Lech und Rhein wohnen die ...sind als besonders tüchtige und spar... ...annt. In den vielen Erzählungen von ...chwaben", wie sie z.B. in der Samm-

lung der Gebrüder Grimm (Anfang des 19. Jahrhunderts) zu finden sind, werden sie jedoch als ängstlich, angeberisch und dumm verspottet.

Die sieben Schwaben.

Einmal kamen die sieben Schwaben zusammen. Der erste war der Herr Schulz, der zweite der Jackli, der dritte der Marli, der vierte der Jergli, der fünfte der Michal, der sechste der Hans, der siebente der
5 Veitli. Sie wollten durch die Welt wandern und große Abenteuer erleben! Damit sie aber gut bewaffnet waren, ließen sie sich einen langen, starken Spieß machen. An dem hielten sich alle sieben fest. Vorne

ging der tapferste, das war der Herr Schulz; ihm folgten die anderen der Reihe nach und ganz hinten kam der Veitli. 10

So marschierten sie in die Welt hinaus. Es war Frühsommer, die Vögel sangen, und die Bauern machten Heu auf den Wiesen.

Eines Tages waren sie einen weiten Weg gegangen. Es war Abend, und sie sahen in der Ferne schon das Dorf, in dem sie übernachten wollten. 15

Da kam plötzlich hinter einem Busch eine große Hornisse hervor; sie flog an ihnen vorbei und brummelte ganz feindlich. Der Herr Schulz erschrak sehr: „Hört! Hört!", rief er, „ich höre eine Trommel!" Der 20 Schweiß brach ihm am ganzen Leib aus. Der Jackli, der hinter ihm ging und den Spieß hielt, schrie: „Und ich kann schon das Pulver riechen." Da ließ derHerr Schulz den Spieß fallen, rannte davon und sprang über einen Zaun. Da lag ein Rechen. Der Herr Schulz 25 sprang auf den Rechen, und der Rechenstiel schlug ihm fürchterlich ins Gesicht.

Da ging der Herr Schulz in die Knie, hielt sich die Augen zu und schrie: „Ich ergebe mich, ich ergebe 30 mich! Nehmt mich gefangen!" Die anderen sechs warfen auch sofort den Spieß weg und riefen: „Wir auch! Wir auch! Wir auch!"

Endlich, als sie merkten, daß gar kein Feind da war, der sie fangen wollte, suchten sie ihren Spieß wieder 35 und schämten sich sehr. Und damit sie von den Leuten nicht ausgelacht würden, versprachen sie einander: „Keiner erzählt etwas davon!" Aber die Leute erfuhren es doch und lachten wieder einmal über einen „Schwabenstreich". 40

---

7 *der Spieß:* ⟶ ; 19 *die Hornisse:* eine sehr große Wespe (Insekt), die stechen kann; *brummeln:* brummen; 21 *die Trommel:*

21 *Der Schweiß brach ihm … aus:* er schwitzte plötzlich sehr; 26 *der Rechen:* ; 28 *fürchterlich:* sehr stark, schlimm

Ü1 **Versuchen Sie, die Geschichte mit Ihren eigenen Worten zu erzählen:**

– Wann und wo spielt sie?
– Was passiert zuerst?
– Was tut Herr Schulz, was tun die anderen?
– Wie geht die Geschichte aus?

Ü2 **Vielleicht gibt es eine ähnliche Gruppe von Menschen in Ihrem Land, von der auch dumme „Streiche" erzählt werden. Können Sie den anderen eine solche Geschichte erzählen?**

1 Funktionsverb-Gefüge

Die „Wickert-Institute" **haben** in einer Umfrage **die Frage gestellt,** was die Deutschen von ihren Volksvertretern halten. Das Ergebnis dieser Umfrage **fand große Beachtung:** Die meisten haben gar kein oder nur wenig Vertrauen zu den Politikern. Folgende Kritikpunkte **wurden zur Sprache gebracht:** Politiker geben nie Fehler zu und sind unaufrichtig.

In der Umfrage eines Mannheimer Instituts **stand** die Zufriedenheit mit den demokratischen Verhältnissen in der Bundesrepublik **zur Diskussion.** 79 Prozent der Befragten **gaben zur Antwort,** daß sie mit dem politischen System zufrieden sind.

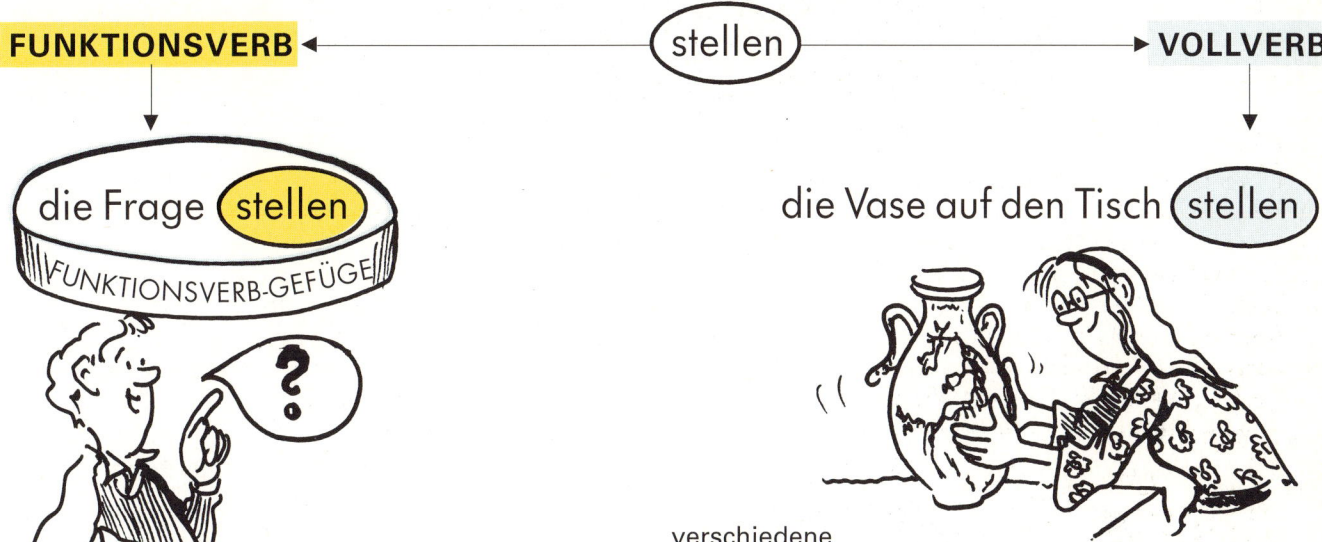

FUNKTIONSVERB ◄———— (stellen) ————► **VOLLVERB**

die Frage stellen
FUNKTIONSVERB-GEFÜGE

die Vase auf den Tisch stellen

„fragen" ◄———— verschiedene Bedeutungen ————► „stellen"

Funktionsverb-Gefüge		Bedeutung
(große) Beachtung	**finden**	(sehr) beachtet werden
Anerkennung	**finden**	anerkannt werden
zur Sprache	**bringen**	nennen, besprechen
zum Halten	**bringen**	anhalten
zur Sprache	**kommen**	genannt, besprochen werden
zum Halten	**kommen**	halten (stehenbleiben)
zur Diskussion	**stehen**	diskutiert werden (können)
in Rechnung	**stellen**	berechnen
(zur) Antwort	**geben**	antworten
den Rat	**geben**	raten
das Versprechen	**geben**	versprechen
Abschied	**nehmen**	sich verabschieden
eine Entwicklung	**nehmen**	sich entwickeln
in Kenntnis	**setzen**	informieren
sich in Bewegung	**setzen**	sich zu bewegen beginnen
Vorbereitungen	**treffen**	vorbereiten
eine Vereinbarung	**treffen**	vereinbaren

Ü1

2 Nebensätze mit „ohne daß / ohne ..... zu" → 12B

2.1

Die Politiker verlieren an Vertrauen, **ohne daß** die Zufriedenheit mit den demokratischen Verhältnissen in der Bundesrepublik abgenommen hat.

| HAUPTSATZ | , | NEBENSATZ | . |

➡ **Das bedeutet:**

Die Politiker verlieren an Vertrauen , **(aber) gleichzeitig** hat die Zufriedenheit ..... **nicht** abgenommen.

2.2

a. Man kann sagen , **ohne daß** man allzusehr übertreibt: „Die Zufriedenheit ..... ist sehr groß."

GLEICHES SUBJEKT

b. Man kann sagen , **ohne** allzusehr **zu übertreiben:** „....."

| HAUPTSATZ | , | NEBENSATZ | . |

Ü 2–3

3 Nebensätze mit „anstatt daß / anstatt ..... zu" → 12B

a. **Anstatt daß** sie zur Sache kommen , reden Politiker immer um den heißen Brei herum.

GLEICHES SUBJEKT

b. **Anstatt** zur Sache **zu kommen** , reden Politiker immer um den heißen Brei herum.

| NEBENSATZ | , | HAUPTSATZ | . |

➡ **Das bedeutet:**

Politiker kommen **nicht** zur Sache , **sondern** reden **(statt dessen)** immer um den heißen Brei herum.

Ü 4

4 Attribute II → 21B4

Acht Monate nach dem Patt bei der Landtagswahl im September vorigen Jahres ...

... nach dem Patt bei der Landtagswahl im September vorigen Jahres ...

... bei der Landtagswahl im September vorigen Jahres ...

...im September vorigen Jahres ...

... vorigen Jahres ...

Acht Monate nach dem Patt bei der Landtagswahl im September vorigen Jahres wird in Schleswig-Holstein am Sonntag wieder ein neues Landesparlament gewählt.

Ü 5

Erich Kästner

Sachliche Romanze

Als sie einander acht Jahre kannten
(Und man darf sagen: sie kannten sich gut),
Kam ihre Liebe plötzlich abhanden.
Wie andern Leuten ein Stock oder Hut.

Reziproke Verben → 14B4

5.1

a. Sie (kannten) **ein/ander** acht Jahre.

Das bedeutet: Eine(r) kannte den/die andere(n) acht Jahre.

b. Sie (kannten) **sich** gut.

Das bedeutet: Er kannte sie gut, und sie kannte ihn gut.

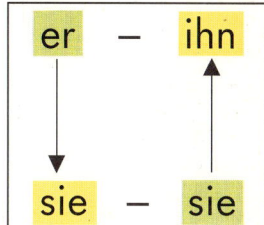

5.2

a. Sie (waren) **ein/ander** vor acht Jahren begegnet.

Das bedeutet: Eine(r) war dem/der anderen vor acht Jahren begegnet.

b. Sie (waren) **sich** vor acht Jahren begegnet.

Das bedeutet: Er war ihr
Sie war ihm } vor acht Jahren begegnet.

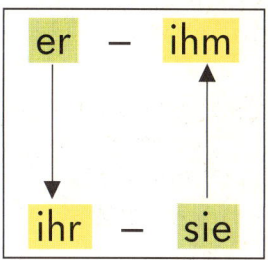

5.3 Sie (unterhielten) **sich** nicht mehr **mit/ein/ander**.

Das bedeutet: Er unterhielt sich nicht mehr mit ihr, und sie unterhielt sich nicht mehr mit ihm.

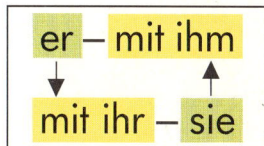

5.4 Reziproke Verben

mit Akkusativergänzung	mit Dativergänzung	mit Präpositionalergänzung
sich lieben / **einander** lieben **sich** hassen / **einander** hassen **sich** küssen / **einander** küssen **sich** verstehen / **einander** verstehen **sich** besuchen / **einander** besuchen	**sich** helfen / **einander** helfen **sich** begegnen / **einander** begegnen	**sich** unterhalten / **sich** *miteinan-*der unterhalten **sich** (*miteinander*) streiten **sich** einigen / **sich** *mit*einander einigen **sich** trennen / **sich** *von*einander trennen

Ü6

Ü1   **Sagen Sie das anders: Gebrauchen Sie anstatt der „Funktionsverb-Gefüge" passende Verben.**

Beispiel: Die Wickert-Institute *haben die Frage gestellt* .....
           Die Wickert-Institute **haben gefragt** .....

Das Ergebnis dieser Umfrage *fand große Beachtung.*
Das Ergebnis dieser Umfrage **wurde sehr beachtet.**

Aufgaben:

1. Das Ergebnis dieser Umfrage *fand große Beachtung.* 2. Folgende Kritikpunkte *wurden zur Sprache gebracht:* ..... 3. Die Zufriedenheit mit den demokratischen Verhältnissen *stand zur Diskussion.* 4. 79 % der Befragten *gaben zur Antwort,* daß sie mit dem politischen System zufrieden sind. 5. Gorbatschows Bemühungen um Abrüstung *fanden* auch in den USA *Anerkennung.* 6. Das Flugzeug ist erst kurz vor Ende der Landebahn *zum Halten gekommen.* 7. Für die Reparatur meines Autos *hat* mir die Werkstatt über 800 Mark *in Rechnung gestellt;* deshalb *gebe* ich dir *den guten Rat:* Such' dir eine andere Werkstatt! 8. Ich *gebe* dir *mein Versprechen,* dir immer die Wahrheit zu sagen. 9. Die politischen Beziehungen zwischen den USA und der UdSSR *nehmen* zur Zeit *eine gute Entwicklung.* 10. Langsam *hat* sich der Zug *in Bewegung gesetzt.* 11. Die beiden Regierungen *haben folgende Vereinbarungen getroffen:* .....

Ü2   **Drücken Sie den Inhalt der folgenden Aussagen mit zwei Hauptsätzen aus.**

Beispiel: Die Politiker verlieren an Vertrauen, ohne daß die Zufriedenheit mit den demokratischen Verhältnissen abgenommen hat.
       Die Politiker verlieren an Vertrauen, aber gleichzeitig hat die Zufriedenheit mit den demokratischen Verhältnissen nicht abgenommen.

Aufgaben:

1. Es werden immer mehr Autos produziert, ohne daß die Zahl der Arbeitsplätze dadurch zunimmt. 2. Die Probleme der armen Länder in Afrika werden immer größer, ohne daß die Industrieländer zu wirksamer Hilfe bereit sind. 3. Im Ruhrgebiet gehen immer mehr Arbeitsplätze in der Stahlindustrie verloren, ohne daß bis jetzt genug neue Arbeitsplätze in anderen Wirtschaftszweigen geschaffen wurden. 4. Viele Ausländer werden zu Fremden im eigenen Land, ohne daß sie in der Bundesrepublik heimisch werden. 5. Der „Taugenichts" zog aus seinem Dorf hinaus in die Welt, ohne daß seine Bekannten und Kameraden das bemerkten.

Ü3   **Gebrauchen Sie Infinitivsätze mit „ohne zu ...".**

Beispiel: Man kann sagen, ohne daß man allzusehr übertreibt: .....
       Man kann sagen, ohne allzusehr zu übertreiben: .....

Aufgaben:

1. Warum hast du das getan, ohne daß du mich vorher gefragt hast? 2. Ich habe ihn wohl beleidigt, ohne daß ich es wollte. 3. Wieso hast du so viele Leute eingeladen, ohne daß du mir etwas davon gesagt hast? 4. Ich fahre niemals in ein anderes Land, ohne daß ich mich vorher darüber informiert habe. 5. Ein kleines Mädchen stürzte aus einem Mehrfamilienhaus, ohne daß es sich dabei verletzte. 6. Ein siebenjähriger Junge schlief mehrere Stunden lang in einem Schneehaufen, ohne daß er eine Unterkühlung erlitt.

Ü4   **Gebrauchen Sie „anstatt daß" und/oder „anstatt zu ...".**

Beispiel: Politiker kommen *nicht* zur Sache, sondern reden immer um den heißen Brei herum.
       a) Anstatt daß sie zur Sache kommen, reden Politiker immer um den heißen Brei herum.
       b) Anstatt zur Sache zu kommen, reden Politiker immer um den heißen Brei herum.

Aufgaben:

1. Politiker sollten nicht so viel reden, sondern lieber handeln. 2. Anke wollte nicht dauernd Haare waschen, sondern lieber an der Werkbank stehen und Maschinenteile fertigen. 3. Manche jungen Leute erlernen keinen Beruf, sondern wollen als Hilfsarbeiter sofort Geld verdienen. 4. Gerlinde Geffers arbeitete nicht als Lehrerin, sondern sie wollte es noch einmal „mit Medien" versuchen. 5. Du solltest nicht immer auf fremde Hilfe warten, sondern solltest dir selber helfen. 6. Manche Lehrer gehen nicht auf die Fragen der Schüler ein, sondern lesen den ganzen Unterrichtsstoff vom Blatt ab.

Ü5   **Reziproke oder reflexive Verben? Machen Sie die Probe.**

Beispiel: Fritz und Petra **lieben sich:** Er liebt sie, und sie liebt ihn; sie lieben einander = REZIPROK
       Fritz und Petra **bedanken sich** bei Meiers: Fritz bedankt sich bei Meiers, und Petra bedankt sich bei Meiers. = REFLEXIV

Aufgaben:

1. Die drei Gehenden **nannten sich** Abel, Babel und Cabel, und während sie gingen, **sprachen sie miteinander.** 2. Sie gingen und **sahen sich um** und sahen, was **sich zeigte.** 3. Da sie **sich ähnelten** (= ähnlich waren), wurden sie für Brüder gehalten. 4. Sie waren aber nur Männer, die gingen gingen gingen, nachdem sie **sich** zufällig **begegnet waren.** 5. Warum **streitet** ihr **euch** denn? – Wir **streiten uns** ja gar nicht, wir diskutieren nur miteinander. 6. Nach den Wahlen **haben sich** die Mehrheitsverhältnisse im Landtag **geändert.** 7. Die Sozialdemokraten **haben sich** auf über 50 % **verbessert,** die Christdemokraten **haben sich verschlechtert.** 8. Christdemokraten und Freidemokraten, die eine Koalition bilden wollten, **haben sich getrennt.**

Ansichten/Meinungen ausdrücken   6

– **Ich glaube**, daß Affären und Skandale Einzelfälle in der Politik sind.
– Ob man Politikern vertrauen kann? **Ich würde sagen**, nein.
– Politiker sind **wohl** sehr abhängig von anderen Leuten in ihrer Partei.
– Nach dem jüngsten Skandal **scheint** es **doch** so, daß Politik und Ehrlichkeit nicht zusammenpassen.

Ich würde sagen, daß man Politikern nicht vertrauen kann.
Ich finde, daß Politik und Ehrlichkeit nicht zusammenpassen.
Ich glaube , ⎫ daß Politiker sehr abhängig von anderen Leuten in ihrer
Ich denke , ⎬ Partei sind.

Ich bin / Wir sind der Ansicht, daß . . . . .
Ich bin / Wir sind der Meinung, daß . . . . .
Ich habe / Wir haben den Eindruck, ...
Ich habe das Gefühl, ...
Mir / Uns scheint, daß . . . . .
Meiner / Unserer Ansicht/Meinung nach kann man . . . . .

Ü6   Ergänzen Sie diese Liste von Ausdrücken um weitere Beispiele.

Zusammengesetzte Adjektive   7

7.1   -artig

Der CDU gaben die Hochrechnungen nach **erdrutschartigen** Verlusten nur noch 34,1 bis 36 Prozent.

= Verluste in der Art eines Erdrutsches
   Verluste, die mit einem Erdrutsch zu vergleichen sind
   Verluste, die einem Erdrutsch ähnlich sind

Ü7   Ordnen Sie zu:

1. affenartig
2. katzenartig   a) Bewegungen (3×)
3. orkanartig   b) Flucht
4. panikartig   c) Stürme/Sturm
5. schlangenartig

7.2 -(un)fähig

> Nachdem die Mehrheitsverhältnisse den Kieler Landtag praktisch **handlungs*un*fähig** gemacht hatten .....

> = zum Handeln / zu Handlungen unfähig gemacht hatten,
> in die Lage versetzt hatten, nicht (mehr) handeln zu können

Ü 8 Ordnen Sie den folgenden Adjektiven je einen der Beispielsätze a) bis l) zu.

> 1. arbeits(un)fähig – 2. aufnahmefähig – 3. bewegungs(un)fähig – 4. entwicklungs(un)fähig – 5. gehfähig –
> 6. heirats(un)fähig – 7. leistungs(un)fähig – 8. lern(un)fähig – 9. regierungs(un)fähig – 10. urteilsfähig –
> 11. widerstandsfähig – 12. zahlungs(un)fähig

a) Er/sie hat die Fähigkeit, die Lage immer richtig zu beurteilen.

b) Die Industrie dieses Landes wäre in der Lage, gute wirtschaftliche Leistungen zu erzielen.

c) Es fehlt ihm/ihr das nötige Geld zur Bezahlung ihrer Schulden.

d) Sind die Länder dieses Kontinents noch in der Lage, sich weiterzuentwickeln?

e) Er/sie konnte wegen Krankheit nicht arbeiten.

f) Die Frage ist, ob er/sie die Kraft hat, mit diesem üblen Klima fertigzuwerden.

g) Um eine Regierung zu bilden, haben diese Parteien nicht die nötigen Stimmen.

h) Nachdem er/sie mehrere Stunden aufmerksam zugehört hatte, konnte er/sie nichts mehr verstehen.

i) Er/sie ist alt genug, um eine Ehe zu schließen.

j) Die Leistungen/Noten dieses Schülers sind zwar schwach, aber das Kind ist nicht dumm.

k) Nach diesem Schreck konnte er/sie sich nicht mehr von der Stelle bewegen.

l) Nachdem er/sie lange Zeit nicht (mehr) gehen konnte, kann er/sie jetzt endlich wieder ein paar Schritte machen.

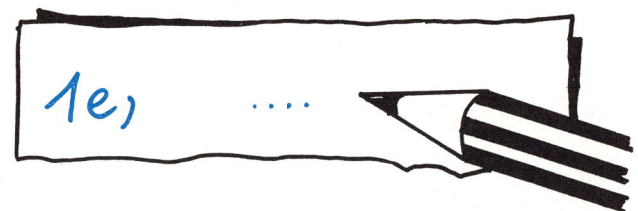

1e)   ....

8   un- = „nicht/ohne"

> – Politiker sind **un**aufrichtig. (= nicht aufrichtig)
> – Der Ministerpräsident benutzte **un**saubere Methoden.
> – Die Mehrheitsverhältnisse hatten den Landtag praktisch handlungs**un**fähig gemacht.

Ü 9 In *Deutsch aktiv Neu 1A/1B* kommen unter anderem die folgenden Ajektive/Adverbien und Substantive mit *un-* vor:

> *un-:* angenehm, auffällig, bekannt, bemerkt, berechenbar, bestimmt, demokratisch, erwartet, freundlich, gebügelt, gemütlich, Gerechtigkeit, günstig, höflich, kompliziert, kultiviert, möglich, persönlich, regelmäßig, schön, Sinn

– Schreiben Sie diese Wörter mit *un-* auf.

– Suchen Sie zu möglichst vielen einen passenden Beispielsatz.

– Erklären Sie die Bedeutung der Wörter mit *un-*.

– Suchen Sie weitere Adjektive, Adverbien und Substantive mit *un-*.

DIE HEIDE

1 Massentourismus

Die Zahl der Touristen ist zwischen 1950 und 1982 weltweit von 25 Millionen auf 3 Milliarden Reisende pro Jahr gestiegen. Etwa 50% der Reisen führen in westeuropäische Länder. Ein hoher Lebensstandard (gutes Einkommen, viel Urlaub) ist die wichtigste Voraussetzung für diesen Massentourismus.

Ü1 **Werten Sie die Graphik „Touristen in Europa" aus:**

– In welchen Ländern ist der Anteil der deutschen Touristen prozentual am höchsten?
– Können Sie sich denken, warum? (Klima, Kosten, Gastronomie, Landschaft .....)

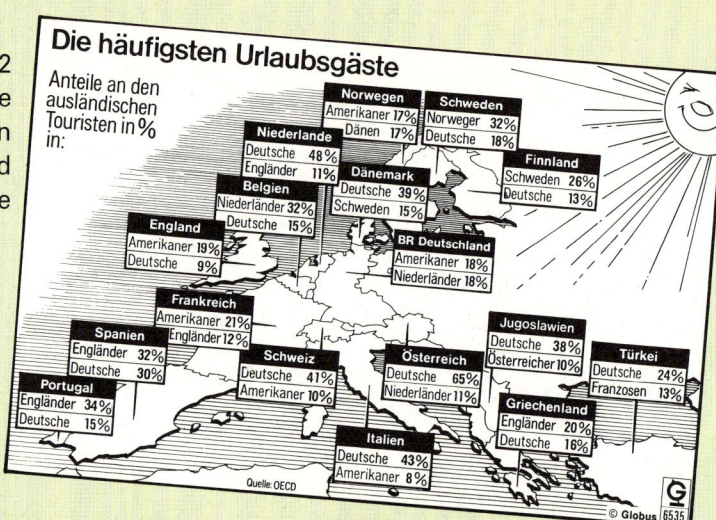

Die häufigsten Urlaubsgäste

Anteile an den ausländischen Touristen in % in:

Norwegen Amerikaner 17% Dänen 17%	**Schweden** Norweger 32% Deutsche 18%
Niederlande Deutsche 48% Engländer 11%	**Finnland** Schweden 26% Deutsche 13%
Belgien Niederländer 32% Deutsche 15%	**Dänemark** Deutsche 39% Schweden 15%
England Amerikaner 19% Deutsche 9%	**BR Deutschland** Amerikaner 18% Niederländer 18%
Frankreich Amerikaner 21% Engländer 12%	**Jugoslawien** Deutsche 38% Österreicher 10%
Spanien Engländer 32% Deutsche 30%	**Türkei** Deutsche 24% Franzosen 13%
Portugal Engländer 34% Deutsche 15%	**Österreich** Deutsche 65% Niederländer 11%
Schweiz Deutsche 41% Amerikaner 10%	**Griechenland** Engländer 20% Deutsche 16%
Italien Deutsche 43% Amerikaner 8%	

Quelle: OECD   © Globus 6535

2 Dieselbe Meldung – zwei Zeitungen

①

Die Deutschen sind ganz verrückt aufs Reisen

Berlin (dpa). Die Reiselust der Bundesbürger ist im vergangenen Jahr geradezu sprunghaft gestiegen. Der Trend zum Urlaub im Ausland wird immer stärker. Der Anteil der Personen, die wenigstens eine Urlaubsreise von mindestens fünf Tagen Dauer gemacht haben, liegt in der Bevölkerung (über 14 Jahre) der Bundesrepublik nun bei 64,6 Prozent, 1986 waren es 57,0 Prozent.

Dies geht aus der „Reiseanalyse 1987" des Studienkreises für Tourismus (Starnberg) hervor, die sich auf über 6000 Interviews stützt und gestern auf der Internationalen Tourismus-Börse in Berlin vorgelegt wurde. Das heißt: 1987 waren 31,1 Millionen Bundesbürger verreist, ein Jahr zuvor waren es 27,5 Millionen.

Immer mehr Leute leisten es sich auch, mehrmals im Jahr zu verreisen. 3,8 Millionen Bundesbürger verreisten zweimal, 1,4 Millionen sogar dreimal, heißt es in der Analyse. Die Gesamtzahl aller Urlaubsreisen von Bundesbürgern kletterte um 5,3 Millionen auf 37,7 Millionen. Dabei ist die Bundesrepublik als Urlaubsziel nach wie vor am beliebtesten, verlor 1987 aber weitere Anteile an ausländische Urlaubsgebiete. 30,9 Prozent machten im eigenen Land Urlaub. 1986 waren es immerhin noch 34,4 Prozent der Urlauber.

Bei den ausländischen Ferienzielen liegt nach Angaben des Studienkreises wieder Italien auf dem ersten Platz. Hierhin wurden 12,3 Prozent (4,7 Millionen) der Urlaubsreisen gemacht. Dahinter folgen Spanien (12,3/4,6) und Österreich (10,7/4,0). Die weiteren Plätze: Frankreich (5,9/2,2), Jugoslawien (4,6/1,7), Griechenland (3,2/1,2), Schweiz (2,5/1,0), Niederlande (2,1/0,8) und Dänemark (1,5/0,6).

Die Befragung ergab auch, daß im Januar 1988 das Interesse der Bundesbürger an Urlaubsreisen im laufenden Jahr (im Vergleich zum Vorjahreszeitraum) leicht gestiegen ist. Die Zahl derjenigen, die mit mehr oder weniger großer Sicherheit in den Urlaub reisen werden, stieg um eine Million.

Im Jahr 1987 haben die Deutschen für Reisen ins Ausland 46 Milliarden Mark ausgegeben. Die *Deutsche Presse-Agentur (dpa)* hatte am 8. März 1988 einen Bericht über die „Reiseanalyse 1988" des Starnberger Studienkreises für Tourismus herausgegeben. Am folgenden Tag verarbeiteten fast alle deutschen Tageszeitungen diese dpa-Meldung in eigenen Artikeln.

Hier sind zwei ganz unterschiedlich lange Artikel zu diesem Thema.

B1–2 ➤

② *Immer mehr verreisen*

Bayern bei uns vorn, Italien im Ausland

Immer mehr Deutsche leisten sich eine Urlaubsreise: Im vergangenen Jahr waren mit 31,1 Mio. Bundesbürgern über 3,5 Mio. mehr auf Ferientour als im Jahr zuvor. Das ergaben Berechnungen des Studienkreises für Touristik (Starnberg). 3,8 Millionen gönnten sich eine zweite Reise, dreimal in Urlaub fuhren sogar 1,4 Millionen. Ausländische Reiseziele gewinnen wieder an Bedeutung: Im vergangenen Jahr war Italien vor Spanien das begehrteste Urlaubsland. In der Bundesrepublik ist weiter Bayern am beliebtesten.

Ü2 Vergleichen Sie die Überschriften der beiden Artikel: Welche Informationen hebt der kürzere Bericht hervor, was betont der längere?

Ü3 Untersuchen Sie die beiden Artikel mit Hilfe der folgenden Fragen genauer:

1. Wie viele Deutsche sind 1986 bzw. 1987 ins Ausland gereist?
2. Wie war die Mindestreisedauer?
3. Wie viele Leute haben eine zweite / eine dritte Reise gemacht?
4. In welchem Artikel findet man genauere Informationen über „die Deutschen"?
5. Woher stammen die Informationen, die beide Artikel verarbeiten?

6. Wie viele Deutsche wurden zum Thema „Reiselust" interviewt?
7. Welche Länder sind bei den Deutschen als Reiseziele am beliebtesten? Wie genau sind dazu die Angaben in beiden Zeitungen?
8. Wie ist die Prognose für den Tourismus im Jahre 1988?
9. Wie wird die Information der dpa-Meldung kommentiert?

Interview mit einem Tourismus-Experten

3

Herr Schanz, Mitinhaber eines großen Reisebüros in Gütersloh, beobachtet die Reisegewohnheiten und -wünsche der Deutschen seit Jahren.
Im Interview gibt er Auskunft zu

– den Reisegewohnheiten seiner Kunden;
– Veränderungen, die er in der letzten Zeit gegenüber früheren Jahren feststellen konnte;
– Angaben des Studienkreises für Tourismus in der „Reiseanalyse 1987";
– Unterschieden in den Reisegewohnheiten verschiedener Personengruppen (ältere und jüngere Menschen; Frauen und Männer);
– beliebten Reisezielen seiner Kunden für ihren Urlaub;
– Ausgaben seiner Kunden für Reisen und Urlaub;
– Entwicklungen, die er für die Zukunft bei den Reisegewohnheiten und den Reisewünschen der Deutschen erwartet.

Ü4 Hören Sie das Interview mit Herrn Schanz mehrmals Abschnitt für Abschnitt. Notieren Sie dabei Stichwörter.

Ü5 Geben Sie die wichtigsten Aussagen von Herrn Schanz mit eigenen Worten wieder. Sie können das auch in Form einer kurzen Zeitungsmeldung mit Schlagzeile machen.

Kurt Tucholsky

Die Kunst, falsch zu reisen

Wenn du reisen willst, verlange von der Gegend, in die du fährst, alles: schöne Natur, die Vorteile der Großstadt, billige Preise, Meer, Gebirge. Ist das nicht vorhanden, dann schimpfe!

5 Sei zu Mitreisenden unhöflich, daran erkennt man den „Mann": Treibe die Deinen an alles heran, was im Reiseführer empfohlen wird, und lauf blind an allem anderen vorüber!

Plane deine Ausgaben, bevor du reist, und zwar auf den Pfennig genau, möglichst 100 Mark weniger – man kann das immer einsparen. Vergiß nie die Hauptregel jeder gesunden Reise: Ärgere dich! Sprich mit deiner Frau nur 10 von den kleinen Sorgen des Alltags! Schreib überall Ansichtskarten: auf der Bahn, im Hotel, auf Bergeshöhen!

Eine richtige Sommerfrische besteht aus einer Anhäufung von Menschen, einem Weinrestaurant und einer Tanzbar. Besuche diese Örtlichkeiten des Frohsinns täglich und möglichst in kurzer Hose! Wenn du eintrittst, sprich laut 15 und deutlich: „Na, elegant ist es hier gerade nicht!" Wenn du dich amüsierst, dann lach, aber so laut, daß sich die anderen ärgern, die in ihrer Dummheit nicht wissen, worüber du lachst!

Bist du im Ausland und sprichst fremde Sprachen nicht sehr gut, dann schrei, man versteht dich dann besser!

20 Seid ihr mehrere Männer und habt zuviel getrunken, dann singt aus tiefster Brust, das hat die Natur gern!

Handle! Schimpfe! Lärme! Ärgere dich!

4 *Treibe die Deinen an alles heran …:* Führe deine Familie mit Gewalt zu allem …
5 *blind:* (hier) ohne bewußt zu schauen
9 *die Hauptregel:* das wichtigste Prinzip

12 *die Sommerfrische:* ein Ort, wo man sich im Sommer / im Urlaub gerne aufhält
13 *die Örtlichkeiten:* (hier) Gebäude, Einrichtungen
20 *aus tiefster Brust:* (hier) laut und begeistert

B3 ➤

Kurt Tucholsky, *9.1.1890 in Berlin, † durch Selbstmord 21.12.1935 im schwedischen Exil. Pazifist und Kritiker seiner Zeit, der mit satirischer Prosa, Gedichten, Szenen und Chansons gegen Spießertum, Militarismus und Nationalismus ankämpfte. Seine Bücher wurden von den Nazis 1933 verbrannt.

Ü6 Schreiben Sie selbst eine „Satire" zu einem anderen Thema, z. B.:

– Wenn du dich wirklich gut unterhalten willst, (dann) .....
– Wenn du deine Ruhe haben willst, (dann) .....
– Wenn du den Partner fürs Leben suchst, (dann) .....
– Wenn du ein fremdes Land richtig kennenlernen willst, (dann) .....

Was machen Sie in Ihrer Freizeit?

Weniger Arbeit bedeutet oft mehr Freizeit, mehr Urlaub. Was machen die Leute eigentlich in ihrer Freizeit? Unser Reporter hat sich mit einigen Mitgliedern einer „Freizeit-Sportgruppe" in München unterhalten.

Ü 7 **Vier Mitglieder der Freizeit-Sportgruppe werden interviewt. Über sie erfährt man u. a. folgendes:**

① Er ist Chemiker. In seiner Freizeit spielt er besonders gerne Squash. Er erklärt den anderen, wie man Squash spielt.

② Sie macht in ihrem Urlaub vor allem Bergtouren.

③ Er arbeitet bei einer Versicherung. In seiner Freizeit besucht er ein „Fitness-Center".

④ Sie ist Handarbeitslehrerin. Sie ist zum erstenmal in der Gruppe und sucht noch eine passende Sportart.

– Hören Sie nun das Interview von der Cassette. Wer sagt was? Ordnen Sie den Personen Ⓐ – Ⓓ die Kurztexte ① – ④ zu:

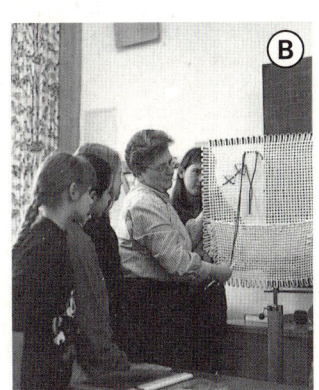

Ü 8 – **Was wird eigentlich in einer *Freizeit-Sportgruppe* gemacht?**
Gymnastik, Boxen, Turnen, Volleyball, Reiten, Jogging, Fußball, Tischtennis, Schwimmen, Fitness-Training, Sqash, Schießen, Tennis, Radfahren, Langlauf, Leichtathletik ... ?

Volleyball

Freizeit-Sportgruppe

– **Wie finden *Sie* die Idee, einen Teil Ihrer Freizeit in einer Freizeit-Sportgruppe zu verbringen?**

Ü 9 **Was haben *Sie* gestern abend / am letzten Wochenende / im letzten Urlaub gemacht? Erzählen Sie.**

Ü 10 – **Wie verbringen die Leute in Ihrem Land ihre Freizeit? Berichten Sie.**

– **Gibt es wichtige Unterschiede zwischen Ihrem Land und der Bundesrepublik im Freizeitverhalten? Diskutieren Sie.**

23A

6

LÜNEBURGER HEIDE

Die Lüneburger Heide – eine Landschaft aus Sand und Sumpf, Wiesen und Wäldern: herb und schön, voller Poesie, manchmal auch geheimnisvoll und etwas melancholisch.
Heute ist die Heide ein großer Naturschutzpark: mit kleinen Wäldern und stillen Mooren, mit seltenen Vögeln und Pflanzen, mit rosa Teppichen aus Heidekraut – und mit vielen Schafen, die dort „Heidschnucken" heißen.
Die Heide liegt zwischen Hannover und Hamburg.

Ü 11 Charakterisieren Sie diese Landschaft:

melancholisch — Lüneburger Heide — Sand

Goethe

Johann Wolfgang von Goethe wurde 1749 in Frankfurt/Main geboren. Mit 16 Jahren ging er an die Universität Leipzig, um Rechtswissenschaften zu studieren. 1768 kehrte er nach Frankfurt zurück. 1770–71 schloß er in Straßburg sein Jurastudium ab. Dort lernte er 1770 Friederike Brion kennen.

Goethe war nicht nur an Poesie, sondern auch an Kunst und Wissenschaften (Philosophie, Physik) und Magie interessiert. Neben vielen Gedichten schrieb er u. a. die Dramen Faust I *und* II *sowie die Prosawerke* Die Leiden des jungen Werthers, Wilhelm Meister, Dichtung und Wahrheit.

JOHANN WOLFGANG VON GOETHE

Heidenröslein

Sah ein Knab' ein Röslein stehn,
Röslein auf der Heiden,
War so jung und morgenschön,
Lief er schnell, es nah zu sehn,
5 Sah's mit vielen Freuden.
Röslein, Röslein, Röslein rot,
Röslein auf der Heiden.

Knabe sprach: Ich breche dich,
Röslein auf der Heiden!
10 Röslein sprach: Ich steche dich,
Daß du ewig denkst an mich,
Und ich will's nicht leiden.
Röslein, Röslein, Röslein rot,
Röslein auf der Heiden.

15 Und der wilde Knabe brach
's Röslein auf der Heiden;
Röslein wehrte sich und stach,
Half ihr doch kein Weh und Ach,
Mußt' es eben leiden.
20 Röslein, Röslein, Röslein rot,
Röslein auf der Heiden.

1 *Knab'*: junger Mann; *Röslein*: junge Rose/junges Mädchen; 3 *morgenschön*: schön wie der Morgen; 4 *nah*: (hier) aus der Nähe; 12 *leiden*: zulassen, geschehen lassen; 18 *Weh und Ach*: (Ausruf bei Schmerz und Leid)

Vielleicht kennen Sie das „Heidenröslein" schon als romantisches Lied? Es ist als Lied sehr bekannt. Goethe hat es jedoch als Gedicht geschrieben, vermutlich im Sommer 1771. Damals war er 22 Jahre alt.

Ü 12 **Wie stellen Sie sich den „Knaben" vor und wie das „Heidenröslein" (Aussehen, Verhalten)?**

Viele Blumen haben symbolischen Charakter, besonders in der Dichtung.
Rote Rosen sind oft Zeichen der Liebe. Manchmal ist die Rose auch Symbol für ein junges, unschuldiges Mädchen.

Ü 13 **Hören Sie erst das Gedicht, dann das Lied von der Cassette:**

– **Was gefällt Ihnen besser? Warum?**
– **Wie finden Sie die Melodie? Paßt sie gut zum Gedicht? Gibt sie die Atmosphäre des Textes und das Verhältnis der beiden Personen treffend wieder?**

Friederike
Brion

8

Johann Wolfgang von Goethe

Erlkönig

Wer reitet so spät durch Nacht und Wind?
Es ist der Vater mit seinem Kind;
Er hat den Knaben wohl in dem Arm,
5 Er faßt ihn sicher, er hält ihn warm. –

Mein Sohn, was birgst du so bang dein Gesicht? –
Siehst, Vater, du den Erlkönig nicht?
Den Erlenkönig mit Kron' und Schweif? –
Mein Sohn, es ist ein Nebelstreif. –

10 „Du liebes Kind, komm, geh mit mir!
Gar schöne Spiele spiel' ich mit dir;
Manch' bunte Blumen sind an dem Strand;
Meine Mutter hat manch' gülden Gewand."

Mein Vater, mein Vater, und hörest du nicht,
15 Was Erlenkönig mir leise verspricht? –
Sei ruhig, bleibe ruhig, mein Kind!
In dürren Blättern säuselt der Wind. –

„Willst, feiner Knabe, du mit mir gehn?
Meine Töchter sollen dich warten schön;
20 Meine Töchter führen den nächtlichen Reihn
Und wiegen und tanzen und singen dich ein."

Mein Vater, mein Vater, und siehst du nicht dort
Erlkönigs Töchter am düstern Ort? –
Mein Sohn, mein Sohn, ich seh' es genau;
25 Es scheinen die alten Weiden so grau. –

„Ich liebe dich, mich reizt deine schöne Gestalt;
Und bist du nicht willig, so brauch' ich Gewalt." –
Mein Vater, mein Vater, jetzt faßt er mich an!
Erlkönig hat mir ein Leids getan! –

30 Dem Vater grauset's, er reitet geschwind,
Er hält in den Armen das ächzende Kind,
Erreicht den Hof mit Mühe und Not;
In seinen Armen das Kind war tot.

1 *der Erlkönig:* Erlen und Weiden sind Bäume, die häufig am Wasser, an Bächen, auf feuchten Wiesen, im Moor wachsen; der Erlkönig ist ein Gespenst, ein König der Geister, dessen Land im Nebel zwischen Erlen ist
6 *was birgst du so bang dein Gesicht?:* warum versteckst du so ängstlich dein Gesicht?
8 *der Schweif:* Schwanz
9 *der Nebelstreif:* schmaler Nebelstreifen
13 *gülden:* aus Gold, golden

19 *sollen dich warten:* sollen dich pflegen
20 *Reihn:* Reigen, ein Tanz im Kreis
21 *Und wiegen und tanzen und singen dich ein:* Und schaukeln dich, tanzen und singen, bis du einschläfst
23 *düster:* dunkel, neblig, verschwommen
27 *so brauch' ich Gewalt:* dann wende ich Gewalt an
29 *hat mir ein Leids getan:* hat mir sehr weh getan
30 *Dem Vater grauset's:* Der Vater hat große Angst

Ü 14 Hören Sie zunächst das Gedicht von der Cassette

– Wie finden Sie die Atmosphäre?
– Was können Sie heraushören:

- Wie viele Personen gibt es im Gedicht?
- Was tun sie?
- Wo befinden sie sich?
- Welche Tageszeit wird im Gedicht genannt?

Ü 15 Lesen Sie das Gedicht mehrmals und machen Sie Notizen:

Strophe	Personen	Handlung: Was passiert? Wer spricht mit wem?	Atmosphäre: Naturbilder? Ortsangaben? Zeitangaben?
1	Vater, Kind	sie reiten; Vater hält Kind fest	Wind, Nacht, spät; sicher, warm
2	Erlkönig	Sohn versteckt Gesicht; Vater: „Angst?"; Sohn: „Erlkönig!"	Nebelstreif; bang = ängstlich
3			

Ü 16 Im Gedicht wird eine Geschichte erzählt:

– Was denken Sie, was ist vorher passiert?
– Warum reitet der Vater noch so spät durch die Nacht?
– Woher kommt er? Wohin reitet er?

Die Geschichte im Gedicht:
– Er reitet spät am Abend durch das Moor; wie sieht die Landschaft aus?
– Wie geht es dem Kind? Hat es Fieber?
– Was sieht und hört der Sohn? Hört und sieht der Vater dasselbe wie der Sohn?

Ü 17 Wie ist das Gedicht aufgebaut?

– Wo spielen die erste und die letzte Strophe? Was passiert in diesen Strophen?

– Wie oft spricht der „Erlkönig" zum Sohn? Was tut der Sohn, wenn der „Erlkönig" zu ihm gesprochen hat? Wie reagiert der Vater auf das, was der Sohn zu ihm sagt?

Ü 18 Lesen Sie das Gedicht möglichst „dramatisch" mit verteilten Rollen: Erzähler (1. und letzte Strophe), Vater, Sohn, Erlkönig.

Ü 19 Vergleichen Sie das Foto von der Lüneburger Heide (S. 120) mit dem Gedicht.

Meldeschein für Beherbergungsstätten (vom Gast handschriftlich auszufüllen)

Zimmer-Nr. 139   Pers.-Zahl 1   Ankur... 22.0...

Name / name / nom: **Cooper**

Vorname / chr. name / prénom: **Joan**

Postleitzahl, Wohnort, Straße: / residence No. Street / domicile No. rue: **6 Park Ave, Athens, Ga 3060...**

Geburtsdatum / Date of birth / Date de naissance: **23.02.51**

Staatsangehörigkeit / Nationality / nationalité: **USA**

Begleitet von / accompanied by / accompagne de:

Ehegatte: Name, Vorname, Geburtsdatum: / with / épouse — name, chr. name, maiden name / nom, prénom, nom de jeune fille:

Geburtsdatum / Date of birth / Date de naissance:

Bezeichnung d. Betriebes: *Hoberger Landhaus*

Anzahl minderjähriger Kinder / number of minors / min. de 18 ans:

Unterschrift / Signature: *J. Cooper*

Gesellschaft zur Förderung des Gaststätten- und Hotelgewerbes mbH · Teutoburger Straße 31 · 4800 Bielefeld 1 · Eingetragen im Handelsregister beim Amtsgericht Bielefeld, HRB 7880 · Geschäftsführer: Uwe Kirschner

---

- ● Haben Sie noch ein Einzelzimmer?
- ○ Haben Sie vorbestellt?
- ● Nein.
- ○ Einen Moment bitte ..... – für eine Nacht oder länger?
- ● Ich weiß noch nicht genau. Erstmal für eine Nacht.
- ○ Ja, da habe ich noch eins: Zimmer 139. Würden Sie bitte den Meldeschein ausfüllen?
- ● Ja, gern.
- ○ Sagen Sie, ist das Ihr Hund?

- ● Ja.
- ○ Wo wollen Sie den denn heute nacht lassen?
- ● Den nehme ich mit aufs Zimmer, der stört nicht.
- ○ Das ist aber bei uns nicht üblich!
- ● Damit habe ich aber noch nie Schwierigkeiten gehabt!
- ○ Äh ....., wir haben im Hof eine Hundehütte –
- ● Nein, da geht er nicht rein!
- ○ .....

Ü1   Wie ist das Gespräch wohl weitergegangen?

Ü2   Joan Cooper erzählt deutschen Freunden von der Übernachtung im Hotel. Was erzählt sie wohl?

Ü3   Joan Cooper führt auf deutsch Tagebuch. Was notiert sie wohl für den 22. August?

Joan Cooper ist weitergereist und macht jetzt für eine Woche Station bei Freunden (Familie Meyer, Kampstr. 42, 6480 Wächtersbach).
Sie stellt fest, daß ihr elektrischer Reisewecker fehlt. Sie hat ihn wahrscheinlich im Hotel „Hoberger Landhaus" liegengelassen. Sie ruft im Hotel an. Der Herr am Telefon kann sich nicht an den Namen Cooper erinnern. Er fragt Joan, in welchem Zimmer sie übernachtet hat. Das weiß Joan nicht mehr; sie sagt ihm, daß sie die Frau mit dem Hund war. „Ach ja, natürlich!" – der Herr erinnert sich jetzt und verspricht ihr, gleich nachzusehen, ob der Wecker gefunden worden ist. Er fragt, wohin der Wecker geschickt werden soll .....

Ü4   Schreiben Sie zusammen mit Ihrem Nachbarn / Ihrer Nachbarin das Telefongespräch als Dialog auf.

Ü5   Spielen Sie das Gespräch vor.

Konstruktion mit „sein zu ....." 1

1.a. Die Reiselust der Deutschen **ist** nicht **zu bremsen**.

= **1.b.** Die Reiselust der Deutschen **kann** nicht **gebremst werden**.

2.a. Sie **ist** z. T. dadurch **zu erklären**, daß Urlaub und Freizeit zugenommen haben.

= **2.b.** Sie **kann** z. T. dadurch **erklärt werden**, daß Urlaub und Freizeit zugenommen haben.

3.a. Es **ist** aber auch **zu berücksichtigen**, daß die Einkommen gestiegen sind.

= **3.b.** Es **muß** aber auch **berücksichtigt werden**, daß die Einkommen gestiegen sind.

4.a. Nicht **zu vergessen ist** auch, daß das Reiseangebot größer geworden ist.

= **4.b.** Nicht **vergessen werden darf** auch, daß das Reiseangebot größer geworden ist.

| sein + zu + **INFINITIV AKTIV** | = | können* müssen* nicht dürfen* } + **INFINITIV PASSIV** |

*Die Wahl des Modalverbs ist vom Kontext abhängig.

Ü1

Konstruktion mit „haben zu ....." → 12A2 2

Der Verkäufer **hat** eine neue Ware **zurückzunehmen**, wenn die Ware einen Fehler hat.

= Der Verkäufer **muß** eine neue Ware **zurücknehmen**, wenn .....

Der Verkäufer **hat** dem Kunden einen Preisnachlaß **zu gewähren**, wenn der Kunde die fehlerhafte Ware behalten will.

= Der Verkäufer **muß** dem Kunden einen Preisnachlaß **gewähren**, wenn .....

Das Geschäft **hat** die neue Ware kostenlos **zu reparieren**, wenn der Kunde damit einverstanden ist.

= Das Geschäft **muß** die neue Ware kostenlos **reparieren**, wenn .....

| haben + zu + **INFINITIV AKTIV** | = | müssen + **INFINITIV AKTIV** |

Ü2

3 Modalverben: Partizip II → 9B1–3

3.1 Modalverb = Vollverb → 6B2

1. Ich	habe	die neuen Wörter nicht	**gekonnt.**
2. Wir	haben	schon früh nach Hause	**gemußt.**
3. Sie	haben	nicht allein ins Kino	**gedurft.**
4. Sie	hat	das nicht	**gewollt.**
5. Man	hat	uns nicht in Ruhe	**gelassen.**
6. Er	hat	unsere Hilfe nicht	**gebraucht.**

„haben"	PARTIZIP II = Normalform

3.2 Modalverb + Vollverb → 6B2

1. Ich	habe	leider nicht alles	verstehen	**können.**
2. Wir	haben	schon früh nach Hause	fahren	**müssen.**
3. Sie	haben	nicht allein in Urlaub	fahren	**dürfen**
4. Sie	hat	ihm nicht	weh tun	**wollen.**
5. Man	hat	die Reisegewohnheiten	analysieren	**lassen.**
6. Er	hat	uns nicht	zu helfen	**brauchen.**

„haben"	Vollverb +	PARTIZIP II = INFINITIV } Ersatzform

 Diese Formen sind relativ *selten.* Statt dessen wird das Präteritum verwendet, z. B.:
1. Ich **konnte** leider nicht alles **verstehen.**

3.3 Häufiger Gebrauch der Partizip II-Ersatzform

1. Das	hätte	ich dir gleich	sagen	**können.**
Du	hättest	ruhig auf mich	warten	**können.**
2. Ihr	hättet	ja nicht	mitkommen	**müssen.**
Das	hätte	ich eigentlich	wissen	**müssen.**
3. Das	hättest	du nicht	tun	**dürfen.**
4. —	—	—	—	—
5. Ich	hätte	dich das bestimmt	wissen	**lassen.**
6. Ihr	hättet	gar nicht so früh	zu kommen	**brauchen.**
7. Ich	hätte	doch mit ins Theater	gehen	**sollen.**
Du	hättest	ihn	ausreden lassen	**sollen.**

KONJUNKTIV II (vom Plusquamperfekt)	

Ü3

Nebensätze ohne Konjunktion

4.1 Konditionalsätze → 12B1, 17B10

1.a. (Ist) das nicht vorhanden, dann schimpfe!

= (**Wenn** das nicht vorhanden (ist), dann schimpfe!)

1.b. (Bist) du im Ausland und (sprichst) fremde Sprachen nicht sehr gut, dann .....

= (**Wenn** du im Ausland (bist) und fremde Sprachen nicht sehr gut (sprichst),

dann .....)

2. (Hätte) ich das Geld dafür, würde ich ausziehen.

= (**Wenn** ich das Geld dafür (hätte), würde ich ausziehen.)

3. (Wäre) ich mit 17 (ausgezogen) , hätte es eine Auseinandersetzung gegeben.

= (**Wenn** ich mit 17 (ausgezogen wäre) , hätte es eine Auseinandersetzung gegeben.)

4.2 Konzessivsatz → 12B4

(Sind) die Äpfel **auch** noch grün, so pflückt Herr B. sie (dennoch).

(= **Obwohl** die Äpfel noch grün (sind), pflückt Herr B. sie.)

(= Herr B. pflückt die Äpfel, **obwohl** sie noch grün (sind).)

4.3 daß-Sätze → 9B4, 20B2

1. Herr A. glaubt, Neumanns (sind) in Urlaub.

(= Herr A. glaubt, **daß** Neumanns in Urlaub (sind).)

2. Der Bundespräsident hat gesagt, es (gehe) um neue Arbeitsplätze.

(= Der Bundespräsident hat gesagt, **daß** es um neue Arbeitsplätze (gehe).)

Ü4–5

23 B GR

Ü1 Sagen Sie das anders: Gebrauchen Sie ein passendes Modalverb.

Beispiel: Die Reiselust der Deutschen ist nicht zu bremsen.
Die Reiselust der Deutschen kann nicht gebremst werden.

Aufgaben:

1. Bei Buchung einer Reise sind 10 % des Reisepreises zu bezahlen. 2. Dieses Hotel ist nicht zu empfehlen, es liegt direkt an der Hauptstraße. 3. Das Visum ist spätestens acht Wochen vor Reiseantritt zu beantragen. 4. „Ihr Paß ist leider nicht mehr zu verlängern." 5. Die Zollbestimmungen sind unbedingt zu beachten. 6. Hunde sind an der Leine zu führen. 7. Den Anweisungen des Personals ist Folge zu leisten. 8. „Ihr Auto ist leider nicht mehr zu reparieren." 9. Es ist darauf zu achten, daß .....

Ü2 Sagen Sie das anders: Gebrauchen Sie Konstruktionen mit „haben zu .....".

Beispiel: Der Verkäufer muß eine neue Ware zurücknehmen, wenn .....
Der Verkäufer hat eine neue Ware zurückzunehmen, wenn .....

Aufgaben:

1. Ich mußte nichts verzollen. 2. Der Mieter muß die Miete spätestens am dritten Werktag eines Monats bezahlen. 3. Ich muß nichts verbergen, denn ich habe nichts Böses getan. 4. „Wenn ich rede, müßt ihr zuhören." 5. Kinder müssen ihren Eltern (nicht) immer gehorchen. 6. „Sie müssen tun, was ich Ihnen sage!"

Ü3 Ergänzen Sie die Lücken.

1. Herr Schanz hat Veränderungen in den Reisegewohnheiten seiner Kunden feststellen ..... . 2. Der Arbeitskreis für Touristik hat die Reisegewohnheiten analysieren ..... . 3. „Ich habe leider nicht alles behalten ..... , was du gesagt hast." 4. „Ich habe dir nicht weh tun ..... , das habe ich wirklich nicht ..... ." 5. „Du kommst nicht mit? Das hättest du mir auch früher sagen ..... !" 6. „Wo warst du?" – „Beim Arzt! Ich habe mich gründlich untersuchen ..... .". 7 „Ihr hättet gar nicht so früh zu kommen ..... , die Party beginnt erst um neun Uhr." 8. „Ich habe dich rufen ..... , weil ich deine Hilfe brauche." 9. „Eine Fremdsprache in drei Monaten lernen? Das hätte ich nie ..... !" 10. „Du hättest ihn ausreden lassen ..... , dann hättest du erfahren, daß ———" – „Quatsch, ich habe ihn ja ausreden ..... , aber ....."

Ü4 Sagen Sie das anders: Gebrauchen Sie die passenden Konjunktionen.

Beispiel: Ist das nicht vorhanden, dann schimpfe.
Wenn das nicht vorhanden ist, dann schimpfe.

Aufgaben:

1. Willst du reisen, dann verlange von der Gegend, in die du fährst, alles. 2. Seid ihr mehrere Männer und habt zuviel getrunken, dann singt aus tiefster Brust! 3. Habe ich auch nur wenig Zeit, so besuche ich dich doch. 4. War das Wetter im Urlaub auch (noch so) schlecht, so haben wir uns dennoch gut erholt. 5. Hätten wir früher gewußt, daß ihr nach Hamburg fahrt, dann wären wir mitgefahren. 6. Ist der Wein auch (noch so) sauer, wir trinken ihn, das freut den Bauer(n). 7. Hast du auch Blasen an den Füßen, so laufe weiter – bis nach Gießen. 8. Hast du in der Liebe Glück, dann nimm dir von dem Glück ein Stück. 9. Macht dir das Lernen keinen Spaß, nimm *Deutsch aktiv*, dann hast du was!

Ü5 Das folgende Gedicht von Eichendorff enthält Nebensätze ohne Konjunktion. Welche? Lesen Sie den Text laut.

Der verliebte Reisende

Lied, mit Tränen halb geschrieben,
Dorthin über Berg und Kluft,
Wo die Liebste mein geblieben,
Schwing dich durch die blaue Luft!

Ist sie rot und lustig, sage:
Ich sei krank von Herzensgrund;
Weint sie nachts, sinnt still bei Tage,
Ja, dann sag ich sei gesund!

Ist vorbei ihr treues Lieben,
Nun, so end auch Lust und Not,
Und zu allen, die mich lieben,
Flieg und sage: ich sei tot!

Zeitangaben

5.1 Zeitpunkte: *wann?*

1. Die Deutsche Presse-Agentur (dpa) hatte am 8. März 1988 einen Bericht über die „Reiseanalyse 1987" herausgegeben.

2. Am folgenden Tag verarbeiteten fast alle deutschen Tageszeitungen diese dpa-Meldung in Artikeln.

3. Plane deine Ausgaben, bevor du reist.

Variante 1

1.a. Am 9. März 1988 berichteten fast alle deutschen Tageszeitungen über die „Reiseanalyse 1987".

2.a. Diese Analyse hatte dpa am Vortag / einen Tag vorher/zuvor herausgegeben.

3.a. Plane deine Ausgaben vor (Antritt/Beginn) der Reise.

Variante 2

1.b. Nachdem dpa am 8. März 1988 über die „Reiseanalyse 1987" berichtet hatte, erschienen einen Tag danach/später / am folgenden/nächsten Tag in fast allen deutschen Tageszeitungen Artikel zu diesem Thema.

Ü6 Ergänzen Sie:

a) Am 9. März 1988 _____,
   nachdem _____
   am Tag zuvor _____.

b) Am 8. März 1988 _____,
   einen Tag danach/später _____.

c) Plane deine Ausgaben _____/
   _____.

5.2 Zeitraum: *wann?*

4. Im vergangenen Jahr waren mit 31,1 Mio. Bundesbürgern über 3,5 Mio. mehr auf Ferientour als im Jahr zuvor.

5. Im vergangenen Jahr war Italien vor Spanien das begehrteste Urlaubsland.

6. Die Befragung ergab auch, daß im Januar 1988 das Interesse der Bundesbürger an Urlaubsreisen im laufenden Jahr (im Vergleich zum Vorjahreszeitraum) leicht gestiegen sei.

Varianten

4.a. Im letzten/vorigen Jahr waren mit 31,1 Mio. Bundesbürgern über 3,5 Mio. mehr auf Ferientour als ein Jahr davor / im vorletzten Jahr.

5.a. Letztes/voriges Jahr war Italien vor Spanien das begehrteste Urlaubsland.

5.3 Zeitspanne: *von wann bis wann?*

7. Die Zahl der Touristen ist zwischen 1950 und 1982 von 25 Millionen auf rund 3 Milliarden Reisende gestiegen.

Variante

7.a. Die Zahl der Touristen ist von 1950 bis 1982 von 25 Millionen auf rund 3 Milliarden Reisende gestiegen.

Ü7 **Ergänzen Sie**

a) Zwischen 1987 und 1988 ist der Ferientourismus der Bundesbürger *von* _____ *auf* _____ gestiegen.

b) _____ 1987 _____ 1988 ist der Ferientourismus der Bundesbürger *um* _____ gestiegen (27,6 Mio. → 31,1 Mio. = ?).

5.4 Häufigkeitsangaben: *wie oft?*

8. Immer mehr Leute leisten es sich auch, mehrmals im Jahr zu verreisen.

9. 3,8 Millionen Bundesbürger verreisten zweimal, 1,4 Millionen sogar dreimal, heißt es in der Analyse.

10. Besuche diese Örtlichkeiten des Frohsinns täglich und möglichst in kurzer Hose.

11. Vergiß nie die Hauptregel jeder gesunden Reise: Ärgere dich!

Varianten

8/9.a. Immer mehr Leute leisten es sich auch, jährlich zweimal/dreimal/mehrmals zu verreisen.

1

Fredrik Vahle

Die Krähe

Der Bau - er, der ging in den Win - ter - wald. War - um? Dar - um!

Schnee fiel in der Nacht. Sein Bart war voll Reif, und die

Fü - ße wa-ren kalt. War - um? Dar - um! Die Krä - he hat ge - lacht.

2. Im allererstem Baume saß
ein schwarzes Tier.
Warum? Darum!
Schnee fiel in der Nacht.
Das war eine Krähe, und die schrie
so laut wie vier.
Warum? Darum!
Die Krähe hat gelacht.

3. Da wurde unser Bauer vor Angst
ganz klein.
Warum? Darum!
Schnee fiel in der Nacht.
Und schlupfte kopfüber in ein
Mauseloch rein.
Warum? Darum!
Die Krähe hat gelacht.

4. Doch da sah er sein Gewehr,
und da wurd er wieder groß.
Warum? Darum!
Schnee fiel in der Nacht.
Und er zielte auf die Krähe,
und der Schuß krachte los.
Warum? Darum!
Die Krähe hat gelacht.

5. Und die Krähe, die schleppte er
schnell nach Haus.
Warum? Darum!
Schnee fiel in der Nacht.
Und dann kam er zwei Tage aus dem
Haus nicht mehr raus.
Warum? Darum!
Die Krähe hat gelacht.

6. Aus dem Fett von der Krähe
machte er zu Haus –
Warum? Darum!
Schnee fiel in der Nacht.
– alle Schmalztöpfe voll und noch
zwölf Kerzen daraus.
Warum? Darum!
Die Krähe hat gelacht.

7. Auch der Braten von dem Krähen-
fleisch war riesengroß.
Warum? Darum!
Schnee fiel in der Nacht.
Und der Bauer, der schmatzte wie ein
Scheunendrescher los.
Warum? Darum!
Die Krähe hat gelacht.

8. Mit den Federn stopfte er alle Betten
aus.
Warum? Darum!
Schnee fiel in der Nacht.
Von nun an schlief jeder schön warm
in dem Haus.
Warum? Darum!
Die Krähe hat gelacht.

9. Aus der Haut, ja da machte er zwölf
Paar Schuh.
Warum? Darum!
Schnee fiel in der Nacht.
Und die Oma, die kriegte Pantoffeln
dazu.
Warum? Darum!
Die Krähe hat gelacht.

10. Und dann hat der Bauer an sich selbst
gedacht.
Warum? Darum!
Schnee fiel in der Nacht.
Und hat sich aus dem Kopf einen
Kleiderschrank gemacht.
Warum? Darum!
Die Krähe hat gelacht.

11. Und am nächsten Tag, da ging er
wieder in den Wald.
Warum? Darum!
Schnee fiel in der Nacht.
Und da hat er sie gehört, ach, da wurd
ihm heiß und kalt.
Warum? Darum!
Die Krähe hat gelacht.

1. *Sein Bart war voll Reif:* Sein Bart war weiß gefroren
2. *schlupfte ... rein:* kroch ... hinein
6. *der Schmalztopf:* Topf für Fett (Schmalz: Fett zum Braten und Backen)
7. *der schmatzte wie ein Scheunendrescher los:* er aß sehr viel, laut und schnell
8. *die Feder:*
9. *die Pantoffeln:* Hausschuhe

Ü1 **Lesen Sie den Liedtext und betrachten Sie dazu die Bilder.**

⑧  ⑨  ⑩  ⑪

Ü2 **Hören Sie das Lied von der Cassette; es stammt aus einer Sammlung für Kinder. „Die Krähe" – ist das für Sie ein komisches, ein verrücktes, ein erschreckendes Lied?**

Ü3 **Sie können das Lied auswendig lernen und in der Gruppe singen, wenn Sie Lust haben.**

Ein Gruppenspiel – ein Partnerspiel

2

① Die Wort-Reihe

Alle sitzen im Kreis. Ein(e) Kursteilnehmer(in) sagt ein Wort, z. B. „Hund". Nun sagt der Nachbar / die Nachbarin rechts ein anderes Wort, das ihm / ihr spontan dazu einfällt, z. B. „Straße".
So geht das Spiel weiter im Kreis herum. Wem nicht schnell ein Wort einfällt, der scheidet aus. Wer als letzte(r) übrig ist, hat gewonnen.

Variante 1: Alle Wörter eines Spiels müssen zu einem Thema passen, z. B. Familie, Arbeit, Freizeit usw.
Variante 2: Alle Wörter müssen zu einer Wortart gehören, z. B. Substantiv, Adjektiv, Verb.

② Nichts als Komplimente!

Immer zwei Kursteilnehmer(innen) sind Spielpartner. Sie sagen abwechselnd einzelne Sätze zum Partner: Das dürfen aber nur Komplimente sein, also freundliche, positive, lobende Aussagen.
Wer dem anderen kein Kompliment mehr machen kann, hat verloren. Dann beginnt das nächste Gespräch mit neuen Partnern.

Variante 1: Sie sagen zu Ihrem Partner nur unfreundliche, negative, kritische Sätze!
Variante 2: Sie sagen einander nur höfliche, leere, neutrale Phrasen, ohne eine Meinung zu äußern.

3

Wolfgang Ecke
Der Bildband

Als Frau Knödler den Verlust bemerkte, war es wenige Minuten vor Ladenschluß. Überraschung und Verständnislosigkeit hielten sich zunächst die Waage.

Doch je länger sie über das Geschehnis nachdachte, um so mehr geriet sie in eine Stimmung, die man allgemein als ‚gerechten Zorn' bezeichnet.

Und Amanda Knödler, Inhaberin der Bücherei am Kaisereck, rief Herrn Schatz an. Franz Schatz war nicht nur ihr Untermieter, sondern auch Detektiv in einer Versicherung.

„Nur immer der Reihe nach, Frau Knödler!" beschwichtigte Herr Schatz die aufgeregte Frau, als er eine halbe Stunde später eintraf. „Also, wie war das?"

„Ich hatte den Bildband gerade ausgepackt und dort drüben ins Regal gestellt. Im Laden waren nur zwei Kunden: Frau Stolze und Herr Langbein. Beide leihen seit Jahren aus. Sie sind sozusagen Stammkunden meiner Leihbuchabteilung …"

Hier unterbrach Herr Schatz: „Haben die beiden auch heute ausgeliehen?"

Amanda Knödler nickte. „Ja. Herr Langbein zwei Kriminalromane und Frau Stolze ein Buch über Astrologie. Ich mußte es ihr heraussuchen, weil sie ihre Brille vergessen hatte. Sie ist ja so kurzsichtig, daß sie nicht einmal ein Fünfmarkstück in ihrer Hand erkennen kann. Gerade als ich ihr das Buch gab, klingelte das Telefon …"

Wieder unterbrach Herr Schatz: „Hatten die beiden Herrschaften denn die Möglichkeit, den Bildband unterzubringen?"

„Ja. Frau Stolze trug eine größere Einkaufstasche, und Herr Langbein …" Frau Knödler überlegte einen Augenblick angestrengt … „ja, Herr Langbein hatte eine Aktenmappe bei sich."

„Und als die beiden gegangen waren, fehlte der Bildband?" – „So war es!" stimmte Frau Knödler zu.

„Und nach ihnen war auch kein Kunde mehr da. Es kann also nur Frau Stolze oder Herr Langbein gewesen sein."

„Wer verließ den Laden zuerst?" Wieder mußte Frau Knödler nachdenken. „Zuerst ging Herr Langbein …"

„Na schön. Dann geben Sie mir mal jetzt die Adressen der beiden Stammkunden. Mal sehen, was sie zu sagen haben."

———

Herr Langbein blickte mißtrauisch durch den Türschlitz. „Was wollen Sie?" – „Ich würde gern einmal eintreten, Herr Langbein. Frau Knödler von der Bücherei schickt mich."

Albert Langbein wies auf einen Stuhl. „Bitte, nehmen Sie Platz. Was hat Frau Knödler denn auf dem Herzen?"

Schatz setzte sich und steuerte ohne Umschweife auf sein Ziel los: „Frau Knödler hat heute nachmittag einen kostbaren Bildband, Wert 120 Mark, ins Regal gestellt. Der ist verschwunden! Sie sind, wie mir Frau Knödler sagte, ein langjähriger Kunde …"

Langbein nickte eifrig. „Bin ich … und verschwunden, sagen Sie … doch nicht etwa der dicke Bildband mit den antiken Ausgrabungen …?" „Genau der!" stimmte Schatz zu. „Ist Ihnen etwas aufgefallen?"

Sekundenlang starrte Albert Langbein seinen Besucher an. Dann erwiderte er: „Verstehe. Sie wollen wissen, ob ich den Bildband gestohlen habe … Ich war es selbstverständlich nicht. Aber vielleicht sehen Sie sich einmal die Frau an, die mit mir im Laden war … und jetzt darf ich Sie bitten zu gehen!" Resolut und bestimmt zeigte Herr Langbein zur Tür.

———

Frau Stolze gab sich wesentlich freundlicher. Sie bot Schatz sogar ein Glas Bier an. Als dieser dann zu der entscheidenden Frage kam, zwinkerte sie überrascht. „Ich soll den Bildband mitgenommen haben? Nein, lieber Herr, da irren Sie sich." Dann flüsterte sie aufgeregt: „Aber ich habe was beobachtet … Da war doch ein Mann im Laden … ich stand einige Meter weg … Er wußte nicht, daß ich ihn sehe … und dieser Mann blätterte in einem dicken Buch, wo drauf stand ‚Antike Ausgrabungen'."

„Hm …", sagte Herr Schatz. „Haben Sie auch gesehen, daß er es eingesteckt hat?" Frau Stolze schüttelte bedauernd den Kopf. „Nein, das habe ich nicht gesehen."

„Na, das macht nichts. Wir sind den Dingen ganz schön nähergekommen."

Frau Stolze atmete auf. „Dann haben Sie mich wohl jetzt nicht mehr in Verdacht?"

„Sicher werden Sie noch von der Sache hören, Frau Stolze. Meine Mission ist erfüllt. Ich sollte mich ja nur erkundigen …"

Eine halbe Stunde später stand Herr Schatz wieder seiner Wirtin gegenüber. Und Frau Knödler war ehrlich erfreut, daß der Ausflug ihres Untermieters von Erfolg gewesen war. Und sie nahm sich vor, mit der diebischen Person ein ernstes Wörtchen zu reden.

1–2: Frau K. bemerkte kurz vor 18 Uhr, daß in ihrer Buchhandlung ein wertvolles Buch mit Fotografien (= der Bildband) fehlte.
13 *beschwichtigte:* beruhigte
26 *Sie ist … kurzsichtig:* Sie kann ohne Brille nicht weit sehen
55 *ohne Umschweife:* direkt, sofort
90 *die Mission:* die Aufgabe, der Auftrag
96 *die diebische Person:* Dieb, Diebin

Ü4 In dieser Geschichte gibt es drei Gesprächsszenen. Wer sind die Gesprächspartner?

Ü5 Wer hat den Bildband gestohlen? Begründen Sie.

Ü6 Spielen Sie die Gesprächsszenen. „Herr Schatz" macht über jedes Gespräch Notizen.

4

a

Tierische Welt

Der Mensch mit Tiermasken

Ü7 Ordnen Sie den folgenden Komposita die richtige Definition aus dem Wörterbuch zu:

1. Brumm**bär**
2. Nacht**eule**
3. Schmutz**fink**
4. Angst**hase**
5. Lese**ratte**
6. Spaß**vogel**
7. Bücher**wurm**

a) jemand, der gerne und viel liest

b) jemand, der gerne Spaß macht, auch auf Kosten anderer

c) jemand, der gerne bis spät in die Nacht hinein aufbleibt, um zu feiern oder zu arbeiten

d) Mensch, der oft schlechte Laune hat und bärbeißig in seinen Bart brummt

e) Bücherliebhaber, eifriger Buchleser

f) ängstlicher Mensch

g) schmutziger Mensch (nach dem Vogel Fink, der oft im Pferdemist pickt)

(Definitionen nach:
G. Wahrig, Deutsches
Wörterbuch)

. . . . ,8e

b

„Tierische" Sachen

Ü8 Ordnen Sie einige der folgenden (Ausdrücke mit) Komposita dem passenden Bild zu:

1. ein **Affen**theater machen
2. einen **Bären**dienst erweisen
3. eine **Esels**brücke bauen
4. **Hühner**auge
5. **Hunde**wetter
6. **Katzen**jammer
7. sich den **Löwen**anteil sichern

ⓐ

ⓑ

ⓒ

ⓓ

c   Wie der Mensch sich mit Tieren vergleicht

Ü9   Schreiben Sie Vergleiche mit Tieren auf und überprüfen Sie sie mit einem Wörterbuch.

71.

Affenarten.

Apes.   *Espèces de singes.*

arbeiten (1)   ein Aal (a)

brüllen (2)   ein Bär (b)

dumm (3)   ein Bock (c)

flink (4)   ein Fuchs (d)

falsch (5)   eine Gans (e)

fromm (6)   *wie* ein Hund (f)

glatt (7)   eine Katze (g)

müde (8)   ein Lamm (h)

schlau (9)   ein Pferd (i)

schwarz (10)   ein Rabe (j)

stark (11)   ein Stier (k)

stur (12)   ein Wiesel (l)

1k) arbeiten wie ein Stier
......

Ü10   Suchen Sie Vergleiche mit Tieren in Ihrer Sprache. Was ist ähnlich/anders?

d   Der Mensch als Tier – in Redensarten

Ü11   Erklären Sie einige der folgenden Redensarten mit Hilfe eines Wörterbuchs:

1. *der Bock:* den Bock zum Gärtner machen
2. *die Fliege:* zwei Fliegen mit einer Klappe schlagen
3. *der Floh:* jemandem einen Floh ins Ohr setzen
4. *der Hahn:* Hahn im Korb sein
5. *der Kater:* einen (schweren) Kater haben
6. *die Katze / die Maus:* Katz und Maus mit jemandem/miteinander spielen
7. *das Schwein:* Schwein haben
8. *der Wolf:* mit den Wölfen heulen

Ü12   Suchen Sie Redensarten mit Tieren in Ihrer Sprache.
Vergleichen Sie sie mit dem Deutschen (und mit anderen Sprachen).

Ein Dialogspiel und ein Spielprojekt

① Entweder – oder

In Gesprächen muß man oft auf Alternativfragen antworten: „Entweder ... oder ...?" Man muß sich für eine der beiden Möglichkeiten entscheiden und klar antworten; einen Mittelweg gibt es nicht.

Die Gruppe sitzt im Kreis. Frau Miller stellt Herrn Dubois eine solche Alternativfrage, die sie interessiert, z. B.:

„Herr Dubois, sind Sie für oder gegen die 35-Stunden-Woche für alle Arbeitnehmer?"

Herr Dubois antwortet und begründet seine Entscheidung, z. B.:

„Ich bin für die Arbeitszeitverkürzung auf 35 Stunden, weil dadurch die Arbeitslosigkeit verringert werden kann."

Nun fragt Herr Dubois Frau Pertini, z. B.:

„Frau Pertini, fahren Sie lieber mit dem Auto oder mit der Bahn in Urlaub?"

Frau Pertini antwortet, begründet usw.

② Fernsehsendung: ein abendfüllendes Projekt

Die Gruppe baut zuerst aus einem großen Pappkarton ein Spiel-Fernsehgerät.
Das sieht so aus:

Immer zwei Partner besprechen dann, welche Fernsehsendung sie miteinander produzieren wollen. Sie üben den Ablauf der Sendung.

In der Gruppe werden die einzelnen Sendungen vorgespielt und zu einem vollen „Abendprogramm" zusammengestellt.

Ein(e) Kursteilnehmer(in) ist die Sprecherin / der Sprecher, die/der die Zuschauer durch das Programm führt.

Natürlich gibt es zwischen den einzelnen Sendungen auch Werbung.

Ideen zu einzelnen Sendungen/Sendeteilen:

- Nachrichten mit Wetterkarte und -vorhersage
- Zirkus im Fernsehen (ein Clown tritt auf)
- Bericht von der Generalversammlung der UNO in New York
- Festrede eines Politikers
- Sportreportage
- Programmvorschau für den nächsten Tag

6

Der Mensch:
Geschöpf — Herrscher — ...?

²⁶ Dann sprach Gott: Laßt uns Menschen machen als unser Abbild, uns ähnlich. Sie sollen herrschen über die Fische des Meeres, über die Vögel des Himmels, über das Vieh, über die ganze Erde und über alle Kriechtiere auf dem Land. ²⁷ Gott schuf also den Menschen als sein Abbild; als Abbild Gottes schuf er ihn. Als Mann und Frau schuf er sie. ²⁸ Gott segnete sie, und Gott sprach zu ihnen: Seid fruchtbar, und vermehrt euch, bevölkert die Erde, unterwerft sie euch, und herrscht über die Fische des Meeres, über die Vögel des Himmels und über alle Tiere, die sich auf dem Land regen.

Die Bibel: Genesis 1, 26–28 (Altes Testament)

Und der Mensch unterwarf sich die Erde. Er erforschte die Natur.
Er lernte ihre Kräfte und Gesetze kennen. Er machte sich Werkzeuge, Geräte, Instrumente.
Er bildete Wörter und Begriffe. Er baute Maschinen, Apparate, Anlagen und Automaten.
Mechanik, Elektronik, künstliche Intelligenz sind Stationen auf dem Weg des technischen Fortschritts.
Automaten und Roboter sind Helfer und Vertreter des Menschen geworden.

Werkzeuge, Maschinen, Instrumente, Apparate, Automaten und Roboter sind Erfindungen des Menschen:

Sie werden personifiziert.
Sie treten auf wie Menschen:

- Allesbrenner, Anrufbeantworter, Blitzableiter, Büchsenöffner, Feuerlöscher, Staubsauger, Wagenheber

- Fernsprecher, Klarspüler, Lautsprecher, Schnellreiniger, Trockenrasierer

- Nachrichtensprecher(in), Buchhändler(in), Busfahrer(in), Schnellrichter(in), Arzthelferin

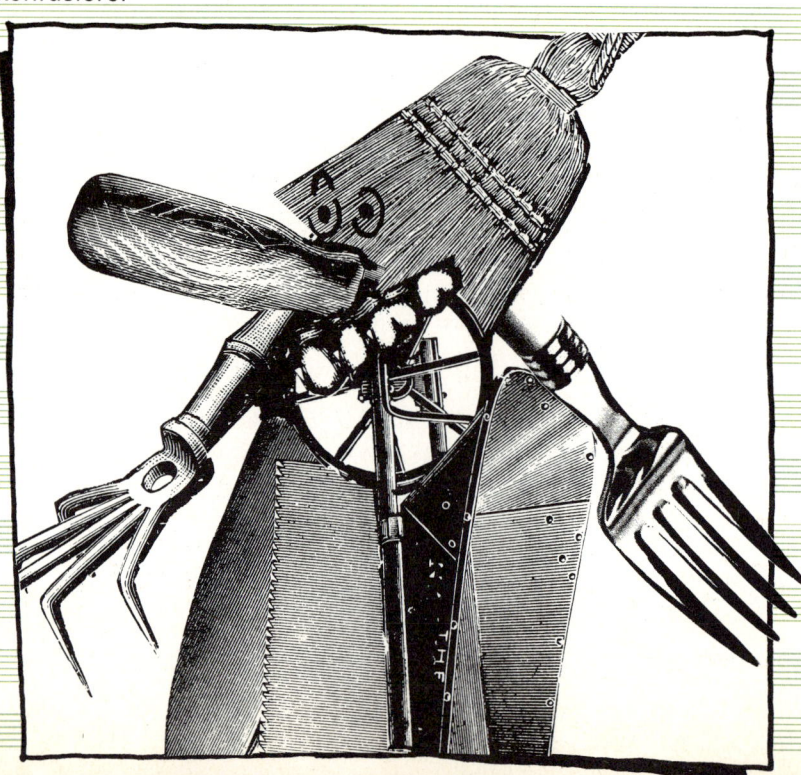

Ü 13   Bilden Sie die passenden Komposita: Womit wird .....?

1. ..... die Richtung angezeigt; 2. ..... das Eis gebrochen; 3. ..... der Schall / der Stoß gedämpft; 4. ..... der Rundfunk empfangen; 5. ..... der Rost entfernt; 6. ..... Strom erzeugt; 7. ..... der Rasen gemäht; 8. ..... Glas geschnitten; 9. ..... die Wäsche getrocknet; 10. ..... das Geschirr gespült; 11. ..... Rauch verzehrt; 12. ..... Unkraut vertilgt; 13. ..... Wasser geworfen?

Ü 14

– **Bilden Sie aus den Verben 1–19 und den Substantiven a) – s) Komposita wie**

Uhrzeiger

1. abschneiden
2. beschleunigen
3. bohren
4. brechen
5. drücken
6. führen
7. halten
8. klopfen
9. knacken
10. messen
11. mischen
12. rechnen
13. regeln
14. schreiben
15. spenden
16. wickeln
17. wischen
18. zeigen
19. ziehen

– **Was bedeuten diese Komposita?**

a) Belichtungs-/Entfernungs-
b) Beton-
c) Eis-
d) Fahrten-
e) Korken-/Schrauben-
f) Locken-
g) Nuß-
h) Opern-
i) Scheiben-
j) Seifen-
k) Socken-
l) Stein-
m) Strom-
n) Taschen-
o) Teilchen-
p) Teppich-
q) Tür-
r) Uhr-
s) Zigarren-

„Fünf vor zwölf",
Collage von Detlev Meyer, 1983

Ü 15   Was bedeuten die folgenden Wörter? Benutzen Sie Wörterbücher.

1. Nachtaufklärer; 2. Jagdbomber; 3. Düsenjäger; 4. Nachtjäger; 5. Truppentransporter; 6. Minenleger; 7. Minensucher; 8. Atomfrachter; 9. Atomtransporter; 10. Flugzeugträger; 11. Raketenkreuzer; 12. Raketenzerstörer; 13. Flammenwerfer; 14. Granatwerfer; 15. Nebelwerfer; 16. Raketenwerfer; 17. Torpedobootzerstörer; 18. Kommandocomputer

Der Mensch:

Geschöpf –

Herrscher –

Zerstörer?

7

JÜRGEN THEOBALDY

Kleinstadtgedicht

Ein italienischer Herbst
mit Sonne auf den Balkonen
und reifen Zwetschgen
5   in den Kisten der Supermärkte.
Du holst die Sommerhemden
aus der Wäscherei, gehst
den Weg am Fluß entlang,
und im Laden an der Ecke
10 kaufst du Blumen (ja Blumen).
Dort siehst du deine Gewohnheiten
immer teurer werden.
Und massig Arbeitslose
gibt es, massig, sagt er.
15 Was wir uns gefallen lassen,
sagt die Frau ohne Kleingeld
neben dir, im Fernsehen
zeigen sie nur noch Morde,
Morde und Filme von gestern.

4 *die Zwetschge:* kleine Pflaume
11 *deine Gewohnheiten:* (hier) Dinge, die man regelmäßig
tut oder kauft oder konsumiert
13 *massig:* (hier) sehr viele
18 *der Mord:*

Kleinstadtgedicht – so lautet die Überschrift von Jürgen Theobaldys Gedicht. Mit dem Begriff „Kleinstadt" sind positive und negative Vorstellungen verbunden. Im Wörterbuch *Der Große Duden* stehen z. B. folgende Definitionen von „Kleinstadt", „Kleinstädter" und „kleinstädtisch":

...enheit durch Aufspaltung in Kleinstaaten: die de...
...ne K. im 19. Jahrhundert; ~**stadt,** die *kleinere Stadt* *(amtlich von 5 000 bis 20 000 Einwohnern) mit überschauba-* *ren, aber auch beschränkteren Verhältnissen,* dazu: ~**städter,** der *(oft abwertend): jmd., der in einer Kleinstadt wohnt* *u. von ihr geprägt ist,* ~**städtisch** ⟨Adj.⟩ *(oft abwertend):* *zu einer Kleinstadt gehörend, einer Kleinstadt, dem Leben* *in einer Kleinstadt entsprechend: -e* Enge, Beschränktheit;
...**stellen** ⟨sw. V.; hat⟩: *auf kleine Stärke einstellen: d...*
...**stell...** dazu **stell...** der...

Ü 16 **Paßt die Überschrift *Kleinstadtgedicht* zu diesem Text? Warum (nicht)? Begründen Sie Ihre Meinung mit Textstellen.**

Ü 17 **– Welche positiven, welche negativen Elemente finden Sie in diesen Definitionen?**
– Enthält auch das Gedicht diese Elemente? Belegen Sie Ihre Meinung.

8

Reisen mit dem Auto oder per Bus können problematisch sein, besonders in der Urlaubssaison: Der Straßenverkehr ist dann oft so stark, daß es kilometerlange Staus gibt.
Wenn Sie hungrig, durstig und schwitzend im Stau stehen, könnte der (rechts abgebildete) „Stau-Versorger" auftauchen – ein ganz neuer Job .....

Ü 18 **Interviewen Sie den „Stau-Versorger". Nehmen Sie Ihr Interview auf Band/Cassette auf und spielen Sie es in der Gruppe vor.**

o Hallo, Sie! Haben Sie einen Augenblick Zeit für ein paar Fragen?

STAU-VERSORGER

Startausrüstung: Fahrrad mit Camping-Anhänger und Verpflegung.
Tätigkeit: Autofahrer, die in einen Stau geraten, sind von der Außenwelt völlig abgeschnitten und zahlen Ihnen jeden Preis, den Sie fordern, um mit dem Lebensnotwendigsten versorgt zu werden.
Gewinn: Jeder Preis, den Sie fordern.

Eulenspiegel

Till Eulenspiegel soll um 1300 in Kneitlingen, einem kleinen Dorf bei Braunschweig, geboren sein.
Gestorben ist er angeblich 1350 in der Stadt Mölln (bei Lübeck). Dort kann man heute sein Denkmal sehen und sein Grab in der Sankt-Nicolai-Kirche besuchen.
Die meiste Zeit seines Lebens war Eulenspiegel auf Wanderschaft. Er lebte immer allein.
Eulenspiegel hat seine Zeitgenossen oft „zum Narren gehalten":
Er hat sich Streiche ausgedacht, die den Menschen deutlich machten, daß sie eigentlich selbst „Narren" (dumme Menschen) sind.
Eulenspiegels Streiche wurden zum erstenmal 1515 in einem Buch aufgeschrieben. Davor hatten die Leute seine Taten mündlich weitererzählt.
Eine der bekanntesten Erzählungen ist:

Wie Eulenspiegel einem Esel das Lesen beibrachte

Eulenspiegel zog im Land herum und behauptete, er sei der größte Gelehrte aller Zeiten und könne alle Fragen beantworten und alle Aufgaben lösen.

5 So kam er auch nach Erfurt. Dort wollten ihm die Studenten und Professoren der Universität eine besonders schwierige Aufgabe stellen. Sie kauften einen Esel, brachten ihn zum Gasthof „Zum Turm", wo Eulenspiegel wohnte, und fragten ihn, ob er dem

10 Esel das Lesen beibringen könne. „Selbstverständlich", antwortete Till, „aber so ein Esel ist ein dummes Tier. Es wird ziemlich lange dauern!"

„Wie lange denn?" – „Mindestens 20 Jahre!"

Eulenspiegel verlangte 500 alte Groschen für sei-

15 nen Unterricht. Er bekam einen Vorschuß, und man ließ ihn mit seinem „Schüler" allein.

Da nahm Eulenspiegel ein großes altes Buch, und zwischen die ersten Seiten des Buches legte er Hafer. Hafer fressen Esel besonders gern! Deshalb blätterte der Esel mit seinem Maul die Blätter des Buches um 20 und rief dabei: „I-a, I-a!"

Nach einer Woche ging Till zu den Professoren und sagte: „Ein paar Buchstaben hat der Esel in dieser Woche schon gelernt! Wann wollen Sie ihn prüfen?"

Die Professoren kamen am nächsten Tag. Till legte 25 dem Esel das Buch vor. Der Esel, der hungrig war, blätterte in dem Buch und rief: „I-a, I-a!"

„Sehen Sie", rief Till, „I und A hat er schon gelernt! Morgen lernen wir das O und das U!" Wütend gingen die Professoren fort. 30

Eulenspiegel ließ den Esel frei. „Geh zu den anderen Erfurter Eseln!" rief er, nahm seine Sachen und verließ die Stadt noch am selben Tag.

1 *der Esel:* (hier) sehr dummer Mensch
beibringen: etwas mit Erfolg lehren

14 *der Groschen:* Silbermünze
18 *der Hafer:* Getreideart

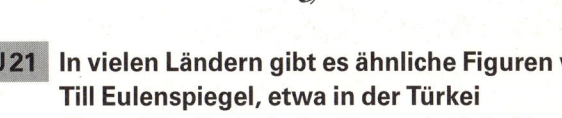

Ü 19 Lesen Sie die Geschichte einmal kurz durch und versuchen Sie, die Handlung zu erzählen.

Ü 20 Lesen Sie die Erzählung genau (Abschnitt für Abschnitt mit Hilfe der Worterklärungen) und erzählen Sie sie mit allen Details nach.

Ü 21 In vielen Ländern gibt es ähnliche Figuren wie Till Eulenspiegel, etwa in der Türkei *Nasreddin Hodscha* (→ *Deutsch aktiv Neu*, Lehrbuch 1A, S. 115).
Welche ähnlichen Figuren gibt es in den Erzählungen Ihres Landes? Erzählen Sie etwas über diese Figur(en) und ihre Streiche.

Quellennachweis für Texte und Abbildungen

Texte

S. 8 f.   Peter Bichsel „Die Tochter" aus: „Eigentlich möchte Frau Blum den Milchmann kennenlernen", Walter Verlag AG, Olten

S. 12   Elham Abdel Attif „Petra denkt anders" aus: H. A. Rau „Ägypten in Deutschland", Express Edition GmbH, Berlin

S. 13   dpa, Hamburg

S. 26   Ernst Jandl „familienfoto" aus: „Der künstliche Baum", 1970 © Luchterhand Literaturverlag, Darmstadt; Ernst Jandl, Auszüge aus: „Die schöne Kunst des Schreibens", 1970 © Luchterhand Literaturverlag, Darmstadt

S. 28   Volker Ludwig „Lied der Kinder", Grips Theater GmbH, Berlin

S. 29   dpa, Hamburg

S. 46   Tülin Emircan „Entfremdung" aus: „Als Fremder in Deutschland", dtv 1770, Deutscher Taschenbuch Verlag, München

S. 47   Bertolt Brecht „Mein junger Sohn fragt mich" aus: „Gesammelte Werke" © Suhrkamp Verlag, Frankfurt a. M. 1967

S. 48   aus: „Stern" 8/88, S. 26, Gruner + Jahr AG, Hamburg

S. 50 f.   Dokumente mit freundlicher Genehmigung von Anne Gerighausen

S. 52   Programmausrisse: Hildesheimer Volkshochschule, Hildesheim

S. 53   zitiert nach „Einführung in die Grammatik und Orthographie der deutschen Gegenwartssprache", Leipzig 1981, Bibliographisches Institut

S. 61   Stichwörter aus: dtv 3136, Wahrig „Wörterbuch der deutschen Sprache", Deutscher Taschenbuch Verlag, München

S. 65   Aufkleber und Textausriß: „Funk & Fernsehen", Nordwestdeutschland GmbH, Isernhagen

S. 67   Werner Erdmann, Essen; „Erna E., Hausfrau" aus: „Bottroper Protokolle" © Suhrkamp Verlag, Frankfurt am Main 1968

S. 68   AP, Frankfurt

S. 69   Neue Westfälische, Bielefeld

S. 70   Peter Bichsel „Die Beamten" aus: „Eigentlich möchte Frau Blum den Milchmann kennenlernen", Walter Verlag AG, Olten

S. 80   Stichwörter aus: „Duden Band 1", Bibliographisches Institut & F. A. Brockhaus AG, Mannheim

S. 81   Überschriften aus: „FrauenBilderLeseBuch", Elefanten Press 1981, Berlin

S. 82   o. re.: © Lena Häublein

S. 83 f.   Christel Dorpat „Ein Vormittag" aus: „FrauenBilderLeseBuch", Elefanten Press 1981, Berlin

S. 85   Ursula Krechel „Meine Mutter" aus: „Nach Mainz" 1977 © by Luchterhand Literaturverlag, Darmstadt

S. 87/88   nach D. E. Zimmer „Das Gedächtnis" aus: „Zeit-Magazin" Nr. 19 v. 30. 4. 87, Die Zeit, Hamburg

S. 89   „Tips zum Üben und Lernen" aus: Metzig/Schuster: „Lernen zu lernen" © Springer-Verlag, Berlin – Heidelberg 1982, mit freundlicher Genehmigung der Autoren

S. 90   Josef Guggenmos „Ich male mir den Winter" mit freundlicher Genehmigung des Autors

S. 95   Pieke Biermann „Hausarbeit ist Arbeit" mit freundlicher Genehmigung der Autorin

S. 97   Lieselotte Rauner „Titel" aus: „FrauenBilderLeseBuch", Elefanten Press 1981, Berlin; Stichwörter aus: Gerhard Wahrig, „Deutsches Wörterbuch" © Mosaik Verlag GmbH, München

S. 100 f.   „Jugendscala", Frankfurter Societätsdruckerei, Frankfurt

S. 102   aus: „Süddeutsche Zeitung" vom 7./8. 5. 88, Süddeutscher Verlag, München

S. 103   Zeitungsausrisse: „Landshuter Zeitung", Landshut; „Frankfurter Rundschau", Frankfurt

S. 104   Verkehrsverein, Heidelberg

S. 106   Ulrich Greiner „Mein Liebste ist verschwunden" aus: „Die Zeit", Hamburg, mit freundlicher Genehmigung des Autors

S. 111   Erich Kästner „Sachliche Romanze" aus: „Gesammelte Schriften für Erwachsene", Atrium Verlag, Zürich 1969 © Copyright by Erich Kästner Erben, München

S. 116   dpa, Hamburg; „Hessisch-Niedersächsische Allgemeine", Kassel

S. 117   © H.-J. Schanz

S. 118   Kurt Tucholsky „Die Kunst, falsch zu reisen" aus: Kurt Tucholsky „Gesammelte Werke", Band III, Copyright © 1960 by Rowohlt Verlag GmbH, Reinbek bei Hamburg

S. 132 f.   Fredrik Vahle „Die Krähe" aus: „Der Liederspatz", Aktive Musik Verlagsgesellschaft mbH, Dortmund

S. 133   Text u. aus: H. Behme „Miteinander reden lernen", iudicium Verlag, München

S. 134   Wolfgang Ecke „Der Bildband" aus: W. Ecke: „Das Schloß der roten Affen", Ravensburger Buchverlag Otto Maier GmbH, Ravensburg

S. 137   wie S. 133

S. 140   Jürgen Theobaldy „Kleinstadtgedicht" aus: „Zweiter Klasse, Gedichte", Rotbuch Verlag, Berlin 1976; Stichwörter aus: „Der große Duden", Band 4, S. 1485, Bibliographisches Institut & F. A. Brockhaus AG, Mannheim

Abbildungen

S. 7   Foto Mi.: Ulrike Kment; alle anderen: Süddeutscher Verlag, Bilderdienst, München

S. 9   Foto: Süddeutscher Verlag, Bilderdienst, München

S. 11   Foto o.: Angelika Sulzer; u.: Gerd Neuner

S. 12   Fotos: Süddeutscher Verlag, Bilderdienst, München

S. 21   Max Beckmann „Vor dem Maskenball", © VG Bild-Kunst, Bonn 1988

S. 25   Foto o. r.: Marlies Coprian; alle anderen: Barbara Stenzel

S. 26   Foto li.: Gernot Häublein, re.: Luchterhand Literaturverlag, Darmstadt, Renate von Mangoldt

S. 27   Foto: Kees van Eunen

S. 28   Signet: Grips Theater, Berlin; Foto: Inge Tele Winkler + Bunk, Berlin

S. 34   Foto li.: Gernot Häublein; re.: Ulla + Knut Kokoschka

S. 38   Joseph Beuys „Lagerplatz 1962–1966, alter Zustand", © VG Bild-Kunst, Bonn 1988

S. 41   Zeichnungen: Verena Ballhaus

S. 42   Stahlstich nach einer Miniatur von Karl Josef Raabe
S. 45   Karl Friedrich Schinkel „Das Felsentor", Bildarchiv Preußischer Kulturbesitz, Berlin
S. 47   Foto: Süddeutscher Verlag, Bilderdienst, München
S. 48   Foto: Regine Körner
S. 50   Fotos: Barbara Stenzel
S. 63   Sticker: mit freundlicher Unterstützung der Rundfunkanstalten; Foto: Süddeutscher Verlag, Bilderdienst, München
S. 64   Foto: Heinz Wilms
S. 66   Foto: Ulrike Kment
S. 67   Foto Mi.: Süddeutscher Verlag, Bilderdienst, München; re.: © Angelika Sulzer
S. 68   Foto: Süddeutscher Verlag, Bilderdienst, München
S. 69   Foto: „Neue Westfälische", Bielefeld
S. 72   Historia-Photo, Hamburg
S. 73   Fotos: Süddeutscher Verlag, Bilderdienst, München
S. 81   Fotos li.: Ulrike Kment; re.: Klaus Rose in: „FrauenBilderLeseBuch", Elefanten Press 1981, Berlin; Zeichnung: Verena Ballhaus
S. 82   Foto o.: Gernot Häublein; Zeichnung: Jenny Scherling; Fotos Mi.: Busch Modellspielwaren, Viernheim; Comic: Kenner Parker Tonka, Rodgau
S. 83   Fotos: Helga Bugdoll aus: „FrauenBilderLeseBuch", Elefanten Press 1981, Berlin;" Mi.: Christel Dorpat
S. 85   Foto: Luchterhand Literaturverlag, Darmstadt © Mara Eggert
S. 88   Foto: R.C. James, Descher Agency, New York
S. 89   Bruckmann Verlag, München
S. 90   Zeichnung aus: „Die Schatzkiste", Österreichischer Bundesverlag, Wien
S. 96   Zeichnung: Verena Ballhaus
S. 99   Fotos o.: Ulrike Kment; u.: Süddeutscher Verlag, Bilderdienst, München
S. 101   Fotos aus: „Jugendscala", Frankfurter Societätsdruckerei, Frankfurt
S. 102   Karte: Karl Oberländer, München
S. 104   Foto: Edm. von König Verlag, Dielheim
S. 105   Postkarte: mit freundlicher Genehmigung von Edition Michel + Co., Frankfurt
S. 106   Foto li.: Edm. von König Verlag, Dielheim; re.: Theo Scherling
S. 107   Fotos: Barbara Stenzel
S. 115   Fotos o.: Ulrike Kment; Mi. Angelika Sulzer; u.: Süddeutscher Verlag, Bilderdienst, München
S. 116   Graphik: Globus-Kartendienst, Hamburg
S. 117   Fotos: H.-J. Schanz
S. 118   Foto: Süddeutscher Verlag, Bilderdienst, München
S. 119   Foto o. und A–C: Ulrike Kment; D: Angelika Sulzer
S. 120   Foto aus: „Jugendscala", Frankfurter Societätsdruckerei, Frankfurt
S. 121   Goethe: Radierung von G.E. Schmoll; Friederike Brion: Wilhelm Tischbein
S. 124   Foto: Ulrike Kment
S. 131   Fotos: Theo Scherling; Zeichnungen: Verena Ballhaus
S. 132   Zeichnungen: Michael Koenig
S. 138   s. S. 131
S. 139   Collage: Detlev Meyer
S. 140   Zeichnung aus: „MAD", Williams-Verlag, Berlin
S. 141   Foto: Städtische Kurverwaltung, Mölln

Eine wertvolle Hilfe beim Erlernen der deutschen Sprache sind

Langenscheidts Taschenwörterbücher

Sie finden die Bände mit dem typischen gelben Einband und dem großen blauen „L" überall auf der Welt.

Fast alle Taschenwörterbücher wurden in den letzten Jahren völlig neu bearbeitet. Jede Neubearbeitung bringt Verbesserungen und neue Wörter.
Es gibt Einzelbände (zum Beispiel Englisch-Deutsch und Deutsch-Englisch) und Doppelbände (beide Teile in einem Band).
Der Wortschatz von 70 000–80 000 Stichwörtern in beiden Teilen jeder Sprache ist sorgfältig ausgewählt. Neben der Umgangssprache werden viele Fachausdrücke aus den verschiedenen Wissensgebieten berücksichtigt.

Langenscheidts Taschenwörterbücher gibt es u. a. für folgende Sprachen:

Arabisch
Deutsch-Arabisch (456 Seiten, Nr. 10065)
Arabisch-Deutsch (624 Seiten, Nr. 10060)
Beide Teile in einem Band (Nr. 11060)

Dänisch
Deutsch-Dänisch (548 Seiten, Nr. 10105)
Dänisch-Deutsch (557 Seiten, Nr. 10100)
Beide Teile in einem Band (Nr. 11100)

Englisch
Deutsch-Englisch (638 Seiten, Nr. 10127)
Englisch-Deutsch (672 Seiten, Nr. 10121)
Beide Teile in einem Band (Nr. 11123)

Französisch
Deutsch-Französisch (640 Seiten, Nr. 10156)
Französisch-Deutsch (576 Seiten, Nr. 10151)
Beide Teile in einem Band (Nr. 11151)

Griechisch
Deutsch-Neugriechisch (487 Seiten, Nr. 10216)
Neugriechisch-Deutsch (552 Seiten, Nr. 10210)
Beide Teile in einem Band (Nr. 11211)

Italienisch
Deutsch-Italienisch (606 Seiten, Nr. 10186)
Italienisch-Deutsch (640 Seiten, Nr. 10181)
Beide Teile in einem Band (Nr. 11181)

Niederländisch
Deutsch-Niederländisch (542 Seiten, Nr. 10236)
Niederländisch-Deutsch (527 Seiten, Nr. 10231)
Beide Teile in einem Band (Nr. 11231)

Polnisch
Deutsch-Polnisch (592 Seiten, Nr. 10265)
Polnisch-Deutsch (624 Seiten, Nr. 10260)
Beide Teile in einem Band (Nr. 11260)

Portugiesisch
Deutsch-Portugiesisch (607 Seiten, Nr. 10275)
Portugiesisch-Deutsch (640 Seiten, Nr. 10271)
Beide Teile in einem Band (Nr. 11271)

Russisch
Deutsch-Russisch (604 Seiten, Nr. 10295)
Russisch-Deutsch (568 Seiten, Nr. 10290)
Beide Teile in einem Band (Nr. 11290)

Schwedisch
Deutsch-Schwedisch (526 Seiten, Nr. 10306)
Schwedisch-Deutsch (552 Seiten, Nr. 10301)
Beide Teile in einem Band (Nr. 11302)

Spanisch
Deutsch-Spanisch (511 Seiten, Nr. 10346)
Spanisch-Deutsch (544 Seiten, Nr. 10341)
Beide Teile in einem Band (Nr. 11342)

Tschechisch
Deutsch-Tschechisch (478 Seiten, Nr. 10365)
Tschechisch-Deutsch (576 Seiten, Nr. 10360)
Beide Teile in einem Band (Nr. 11360)

Türkisch
Deutsch-Türkisch (616 Seiten, Nr. 10376)
Türkisch-Deutsch (552 Seiten, Nr. 10370)
Beide Teile in einem Band (Nr. 11371)